Von einer idealen Rechtsphilosophie zur Realen Rechtslehre – und wohin dann?

Horst Hammen (Hrsg.)

Von einer idealen Rechtsphilosophie zur Realen Rechtslehre – und wohin dann?

Wandlungen im rechtsontologischen Denken Ernst Wolfs

PL ACADEMIC RESEARCH

Bibliografische Information der Deutschen Nationalbibliothek
Die Deutsche Nationalbibliothek verzeichnet diese Publikation in der Deutschen Nationalbibliografie; detaillierte bibliografische Daten sind im Internet über http://dnb.d-nb.de abrufbar.

ISBN 978-3-631-66191-8 (Print)
E-ISBN 978-3-653-05841-3 (E-Book)
DOI 10.3726/978-3-653-05841-3

PL Academic Research ist ein Imprint der Peter Lang GmbH.

Peter Lang – Frankfurt am Main · Bern · Bruxelles · New York · Oxford · Warszawa · Wien

Diese Publikation wurde begutachtet.

www.peterlang.com

Ernst Wolf

Inhalt

Horst Hammen

Vorwort

Im rechtsontologischen Denken Ernst Wolfs (1914–2008)[1], des Begründers der Realen Rechtslehre, hat es früh und allem Anschein nach am Ende seines Lebens noch ein zweites Mal eine Wende gegeben. Am Beginn seiner wissenschaftlichen Arbeit ging Ernst Wolf von einer idealistischen zu seiner in eine reale Wissenschaftslehre eingebetteten Lehre von der Realität rechtlicher Verhältnisse über. Die vor dreizehn Jahren verfasste letztmalige Zusammenfassung seiner wissenschaftlichen Positionen schließt mit dem Satz: „Das wesentlich Neue der Realen Rechtslehre ist die Erkenntnis der Realität der rechtlichen Verhältnisse".[2] In seinen letzten Lebensjahren scheinen Ernst Wolf dann aber Zweifel gekommen zu sein – nicht etwa an seiner realen Wissenschaftslehre im Allgemeinen, wohl aber an der die Kernthese der Realen Rechtslehre ausmachenden Realität der Rechtsverhältnisse. Gerhard Wolf gegenüber hat er geäußert: „Nichts ist nichts".

Die Hinwendung zu und eine Abwendung von der Realen Rechtslehre, aber natürlich auch die Realität der rechtlichen Verhältnisse selbst bildeten das Thema einer am 25. Oktober 2014 aus Anlass der 100. Wiederkehr des Geburtstags Ernst Wolfs veranstalteten Tagung in der Lahnstadt Marburg, an deren Universität Ernst Wolf fast 30 Jahre lang – von 1955 bis zu seiner Emeritierung im Frühjahr 1983 – Bürgerliches Recht und Rechtsphilosophie gelehrt hat. Die auf dieser Tagung gehaltenen Vorträge[3] kommen – in unterschiedlichem Umfang ergänzt – in dem vorliegenden Band zum Abdruck.

---

1 Zu Leben und Werk Ernst Wolfs vgl.: Zum Geleit (Dietrich Bickel, Walther, Hadding, Gerhard Lüke), in: Recht und Rechtserkenntnis, Festschrift für Ernst Wolf zum 70. Geburtstag, hrsg. von Dietrich Bickel, Walther Hadding, Volker Jahnke, Gerhard Lüke, 1985, S. V ff.; Horst Hammen, Die Reale Rechtslehre Ernst Wolfs, in: Festschrift für Jan Schapp zum 70. Geburtstag, hrsg. v. Patrick Gödicke, Horst Hammen, Wolfgang Schur, Wolf-Dietrich Walker, 2010, S. 231 ff.; Bettina Wendlandt, Ernst Wolf und die Reale Rechtslehre, in: Zivilrechtliche Entdecker, hrsg. v. Thomas Hoeren, 2001, S. 275 ff.; Hadding NJW 2004, 3477; Reinelt NJW 2008, 1431.

2 Ernst Wolf/Gerhard Wolf, Rechtsphilosophie – ein Irrweg!, 2002, S. 100.

3 Die Vortragsform ist überwiegend beibehalten worden.

Die Autoren des Bandes

Walther Hadding, Dr. iur., Universitätsprofessor (em.) an der Johannes Gutenberg-Universität Mainz

Horst Hammen, Dr. iur., Professor an der Justus-Liebig-Universität Gießen

Jan Schapp, Dr. iur., Professor an der Justus-Liebig-Universität Gießen

Burkhard Wilk, Dr. iur., Rechtsanwalt in Kassel

Gerhard Wolf, Dr. iur., Professor an der Europa-Universität Viadrina, Frankfurt (Oder)

I. Abteilung

Horst Hammen

Von einer idealen zur Realen Rechtslehre Ernst Wolfs – Die Anfänge

Bekannt geworden ist Ernst Wolf als Begründer der Realen Rechtslehre.[1] Und nur so haben ihn die meisten Teilnehmer des heutigen Symposiums, die Ernst Wolf als Doktoranden, Assistenten oder Hörer ein Stück des Wegs begleitet haben, auch kennen gelernt. Nur wenige wissen aber, dass Ernst Wolf zu Beginn seines wissenschaftlichen Schaffens eine fundamental entgegengesetzte, nämlich eine idealistische Rechtsphilosophie vertreten hat. Ausgebreitet hat Ernst Wolf diese Philosophie in seiner Schrift „Die Generalklausel im Schadensersatzrecht", Untertitel: Ein Versuch, die juristische und philosophische Notwendigkeit einer einheitlichen, das gesamte Schadensersatzrecht umspannenden Klausel und deren Fassung aus dem Begriff und dem Wesen des Rechtes zu beweisen (Das Kriterium des Rechtes, I. Teil), mit der er im Mai 1946 an der Universität Frankfurt habilitiert worden ist. Die Habilitationsschrift ist unbekannt geblieben,[2] weil Ernst Wolf diesen ersten Teil, dem indes ein angekündigter zweiter Teil nie folgen sollte, unveröffentlicht gelassen hat. Zitiert hat Ernst Wolf seine Habilitationsschrift anders als seine ebenfalls unveröffentlicht gebliebene Doktorarbeit „Die Bürgschaft für laufenden Geschäftskredit, insbesondere beim Wechsel des Geschäftsinhabers",[3] mit der er im Januar 1940 promoviert worden ist, an keiner Stelle. Auch im Kreise seiner engsten juristischen Vertrauten wurde sie nie erwähnt. Gleichwohl ist sie nicht verlorengegangen. Jahrzehntelang ruhte das seinerzeit einzige noch existierende Exemplar unentdeckt in den

1 Diederichsen, Zur Bedeutung der Logik und Ontologie für das Recht – eine Auseinandersetzung mit dem Rechtsdenken Ernst Wolfs, in: Recht und Rechtserkenntnis, Festschrift für Ernst Wolf zum 70. Geburtstag, hrsg. von Dietrich Bickel, Walther Hadding, Volker Jahnke, Gerhard Lüke, 1985, S. 47, 49; Bettina Wendlandt, Ernst Wolf und die Reale Rechtslehre, in: Zivilrechtliche Entdecker, hrsg. v. Thomas Hoeren, 2001, S. 275 ff.; ferner Harder NJW 1984, 2809.

2 Vgl. das Schriftenverzeichnis in der Festschrift für Ernst Wolf, S. 709.

3 Ernst Wolf, Lehrbuch des Schuldrechts, Zweiter Band, Besonderer Teil, 1978, § 18 B., S. 371 Fn. 106.

Akten der Juristischen Fakultät der Johann Wolfgang Goethe-Universität zu Frankfurt a.M., bis ich es dort vor einer Reihe von Jahren auffand.

Anlass für die Abfassung seiner Habilitationsschrift war die Überzeugung Ernst Wolfs, die deutsche Zivilistik habe sich im Recht der unerlaubten Handlungen in einem dogmatischen Wirrwarr verfangen,[4] weil sie nicht über eine äußere Zusammenfassung des historischen Materials hinausgekommen sei. So lasse etwa § 823 Abs. 1 BGB offen, ob der Körper ein Recht sei[5] – ein Problem übrigens, das Ernst Wolf auch noch in seinem Lehrbuch zum Besonderen Schuldrecht aus dem Jahre 1978 umgetrieben hat.[6] Vordringlicher aber als die Behandlung von Fragen dieser Art, die er in einer selbständigen Schrift behandeln wollte, erschien es ihm, als Grundlage für das wahre Prinzip des Deliktsrechts den Begriff und das Wesen des Rechts zu untersuchen, die er den philosophischen Grundlagen des Christentums entnehmen wollte.[7] Methodisch stellt er dabei dem „ideellen Denken" ein „materialistisches Denken" gegenüber, das mitsamt allen empirischen und induktiven Momenten als juristische Kategorie auszuscheiden sei.[8] „Der Rechtswissenschaft ist … die deduktive Methode … vorgeschrieben".[9]

Dieses ideelle Denken setzt Ernst Wolf dann in eine unmittelbare Beziehung zum Recht. Er beginnt den Hauptteil seiner Habilitationsschrift mit der Behauptung: „Recht ist Denken" (S. 1; Paginierung von Ernst Wolf). Es ergebe sich nämlich – so fährt er fort – das Recht, die Rechtsordnung, aus der Struktur des menschlichen Denkens (S. 1). Das Denken, das Ernst Wolf in einen Gegensatz zu der sinnlichen Wahrnehmung stellt (S. 2), definiert er als ein Inbeziehungsetzen einzelner gedanklicher Momente (S. 2). Was nun die Struktur des Denkens vom geistigen Chaos unterscheide, sei das Moment der Ordnung (S. 2). Dem Kriterium der Ordnung nähert sich Ernst Wolf mit dem Begriff der Zusammengehörigkeit. Zusammengehörigkeit gedanklicher Momente besteht, wenn sie in einem einheitlichen Sinn aufgehen. Deshalb ist Voraussetzung von Ordnung die Sinnhaftigkeit von Sätzen

---

4 Vorbemerkung S. 1 (Paginierung von mir).

5 Vorbemerkung, S. 3.

6 Ernst Wolf, Lehrbuch des Schuldrechts, Zweiter Band, Besonderer Teil, § 20 B., S. 515 f.

7 Vorbemerkung, S. 3.

8 Vorbemerkung, S. 4 f.

9 Vorbemerkung, S. 6.

(S. 3). Sinn besteht darin, dass Sätze zu anderen Sätzen in einem spezifisch logischen Verhältnis stehen, demzufolge sich die sinngemäße Richtigkeit des einen nach dem Satz des zureichenden Grundes folgerichtig aus der des anderen ergibt (S. 4). Da nun die Richtigkeit eines jeden Satzes nur aus dem Zusammenhang mit anderen Sätzen gefolgert werden kann, diese aber, um richtig zu sein, ihrerseits des zureichenden Grundes bedürfen, ist die Richtigkeit davon abhängig, dass jeder Satz mit allen denkbaren Sätzen in einem Begründungszusammenhang steht. Diese Ordnung nennt Ernst Wolf Weltordnung. Hieraus schließt er: „Aus der geistigen Einheit ... der Weltordnung ergibt sich, dass jeder Vorgang, der sich innerhalb der Welt vollzieht, und damit auch das Verhalten der Menschen zueinander ... sich dieser Ordnung einzufügen hat, bzw. umgekehrt, dass die Weltordnung" richtige Sätze, nämlich „Gesetze enthalten muss, die sich auf dieses Zusammenleben beziehen" und die Ernst Wolf dann als „Recht" bzw. Rechtsordnung bezeichnet (S. 5).

Als spezielles Anwendungsfeld des Satzes vom zureichenden Grund umschließt das Recht das menschliche Zusammenleben lückenlos (S. 6). Ernst Wolf fasst zusammen:

Als Bestandteil der geistigen Weltordnung entzieht sich das Recht einer „Realisierung". Vielmehr erfolgt die philosophische Erfassung des Rechts durch eine „rein geistige ... Ableitung" (S. 7).

Diese Ableitung führt Ernst Wolf schließlich bis zu ihrem Anfang fort. Der dem Satz vom zureichenden Grunde entspringende Begründungs- und Folge-Zusammenhang, aus dem die Weltordnung und mit ihr das Recht zu erklären seien, könne keineswegs ad infinitum fortgesetzt werden, sondern bedürfe eines letzten, eines Welt-Grundes. Dieser Grund bestehe in der Vollkommenheit der geistigen Weltordnung. „Über die Vollkommenheit hinaus ist kein Grund ... möglich; sie ist in Wahrheit der letzte aller Gründe" (S. 10). Dieser letzte Grund liegt freilich außerhalb des Bereichs menschlichen Denkens und zwar deshalb, weil er selbst nicht mehr begründbar ist, das menschliche Denken aber stets eines Grundes bedarf (S. 12). Das bedeutet indes keineswegs, dass dem Menschen eine Beziehung zu jener Vollkommenheit unmöglich wäre. Es sei diese Beziehung eben nur eine andere als das Denken. Ernst Wolf begreift sie als Glauben und definiert den Glauben als das der Vollkommenheit zugewandte Assoziieren, das – weil es selbst keines (letzten) Grundes bedürfe – von der denkmäßigen Begründung abgelöst, mithin absolut sei, weshalb der Bezirk des Glaubens Metaphysik genannt werde (S. 13). An dieser Stelle findet nun der Übergang zu Gott statt. Indem die Vollkommenheit der Weltordnung metaphysisch, also außerhalb des Denkens zu bestimmen sei, sei sie zum Attribut eines höheren Geistes als des menschlich erhoben, dem auch der letzte Sinn zugänglich sei, der also die Weltordnung im ganzen umspanne und sie dergestalt überhaupt erst schaffe, der als Welt-Schöpfer und Welt-Ordner Gott sei. Gott ist also der letzte Grund der Weltordnung (S. 14).[10] Mit der Schöpfung ordnet Gott das Chaos geistig. Die Vollkommenheit des Sinns und der Welt als höchstes Attribut Gottes bezeichnet Ernst Wolf als Idee. Deshalb ist alles, was an Gott partizipiert, jede wahre Ordnung, seinem Wesen nach Idee (S. 17 f.).

In ihrem Geleitwort zur Festschrift für Ernst Wolf legen die Herausgeber dar, mit seiner im Jahre 1961 in dem Beitrag „Zum Begriff des Schuldverhältnisses“ in der Festgabe für Heinrich Herrfahrdt vorgetragenen Lehre, das Schuldverhältnis sei anders als nach der von Ernst Wolf als idealistisch eingestuften Lehre von Larenz vom Schuldverhältnis als Inbegriff eine „wirkliche menschliche Beziehung“,[11] habe er dargelegt, die Gegenstände der Rechtswissenschaft existierten real.[12] Noch deutlicher wird Ernst Wolf ein Jahr später in der Festschrift für Erich Molitor: Das Recht ist „kein bloßes Gedankengebilde, sondern ein reales Element des menschlichen Seins“. „Rechtsbeziehungen sind wirkliche menschliche Lebensbeziehungen. Sie existieren nicht in den Gedanken rechtlich urteilender Betrachter, ... sondern in der menschlichen Wirklichkeit“.[13] Was war in den 15 Jahren seit

---

10 Hier besteht eine gewisse Parallele zur Präambel der in zeitlicher Nähe entstandenen Verfassung des Bundeslandes Rheinland-Pfalz, die von „Gott, dem Urgrund des Rechts und Schöpfer aller menschlichen Gemeinschaft“ spricht, vgl. Hammen ZRP 1996, 72.

11 Ernst Wolf, Zum Begriff des Schuldverhältnisses, in: Festgabe für Heinrich Herrfahrdt, hrsg. von Erich Schwinge, 1961, S. 197, 200 mit Fn. 16 a. Vgl. auch Ernst Wolf JuS 1961, S. 353, 354 mit Fn. 7: „personhafte Ordnungsverhältnisse, d.h. wirkliche menschliche Beziehung“; „das Schuldverhältnis ist keine nur gedachte, sondern eine wirkliche Beziehung“.

12 Zum Geleit (Dietrich Bickel, Walther Hadding, Gerhard Lüke), in: Festschrift für Ernst Wolf, S. VIII.

13 Zur Methode der Bestimmung von privatem und öffentlichem Recht, in: Festschrift für Erich Molitor zum 75. Geburtstag, hrsg. von Hans Carl Nipperdey, 1962, S. 1, 3.

der Habilitation geschehen und was hatte die Abkehr von jener in der Habilitationsschrift vorgetragenen idealistischen Rechtsphilosophie bewirkt? Hierauf eine Antwort zu geben, ist nicht ganz einfach. Während es heutzutage regelmäßig vorkommt, dass schon Habilitanden umfangreiche Schrifttumslisten vorweisen können, begnügten sich unsere akademischen Väter häufig mit einer Doktorarbeit und einer Habilitationsschrift, bevor sie dann als Lehrstuhlinhaber mit einer breiteren Publikationstätigkeit begannen. So verhält es sich auch bei Ernst Wolf. Aus der Zeit nach der Abfassung der Habilitationsschrift bis in die erste Hälfte der fünfziger Jahre des vergangenen Jahrhunderts gibt es keine Publikationen aus seiner Feder. Wolfs erste Abhandlungen, die ab 1953 einsetzen,[14] sind miteinander zusammenhängend dem Themenbereich Unmöglichkeit, Verzug und Rücktritt gewidmet.[15] Wenngleich diese Arbeiten von großem Scharfsinn geprägt sind,[16] setzen Arbeiten, die für die Entwicklung seines rechtsphilosophischen Denkens aussagekräftig sein könnten, erst mit dem von ihm mit Hans Naujoks geschriebenen Buch über „Anfang und Ende der Rechtsfähigkeit des Menschen“, Frankfurt 1955, ein, in der er eine naturwissenschaftlich fundierte Lehre von der Rechtsfähigkeit des Menschen als Person ausbreitet.[17] Bis zu dem erwähnten Beitrag „Zum Begriff des Schuldverhältnisses“ ist nichts mehr rechtsphilosophisch Ergiebiges erschienen, weshalb das Erscheinungsdatum der Festschrift für Heinrich Herrfahrdt als literarische Geburtsstunde der Realen Rechtslehre bezeichnet werden kann.

Deshalb sind wir für die Vorzeit der Realen Rechtslehre auf ungedruckte Quellen angewiesen. Im wissenschaftlichen Nachlass Ernst Wolfs hat sich ein Konvolut von Materialien für die Vorlesung Rechtsphilosophie

---

14 Eine unvollständige Auflistung seines literarischen Schaffens findet sich in der Festschrift zu seinem 70. Geburtstag, S. 709 ff.

15 NJW 1953, 164 ff.; NJW 1954, 708 f.; AcP Bd. 153 (1954), S. 97 ff.; NJW 1955, 11 f.

16 Sie haben die später herrschend gewordene Lehre von der durch den Rücktritt bewirkten Umwandlung des Schuldverhältnisses in ein Rückgewährschuldverhältnis begründet (vgl. z.B. Larenz, Lehrbuch des Schuldrechts, Bd. 1, Allgemeiner Teil, 2. Aufl. 1957, § 25, S. 241 mit Fn. 2).

17 Vgl. Zum Geleit (Dietrich Bickel, Walther Hadding, Gerhard Lüke), in: Festschrift für Ernst Wolf, S. IX.

gefunden,[18] die Ernst Wolf ab der zweiten Hälfte der 1940er Jahre regelmäßig gehalten hat. Diese Materialien sind undatiert, gehören aber ersichtlich in die 1950er Jahre. In § 9 des Manuskripts sagt Ernst Wolf nämlich, jede Rechtsbeziehung sei eine ganzheitliche Wesensbeziehung, nicht bloß ein Aggregat aus Einzelansprüchen (S. 68). Schon in seinem Beitrag zu der Festschrift für Herrfahrdt aus dem Jahre 1961 fordert er aber dann – und dabei ist es auch in seinen späteren Werken geblieben[19] – es müsse zwischen dem Schuldverhältnis und den aus ihm entspringenden Forderungen und Pflichten unterschieden werden. Deshalb bezeichnet er eine Lehre, die das Schuldverhältnis als Ganzes begreift, als irrig.[20]

In diesem Konvolut begreift Ernst Wolf die Philosophie als Wissenschaft (S. 1) und unterscheidet sie damit von Weltanschauungslehren (S. 2). Dabei ist Wissenschaft methodisches Erkenntnisverfahren, das durch den Gegenstand bestimmt wird, auf den es sich bezieht (S. 3). Zu diesem Gegenstand gelangt Ernst Wolf, indem er über die Innenwirklichkeit des Ich zur Wahrnehmung der Außenwelt vordringt. „Wir besitzen“, so sagt er, „diese Innenwirklichkeit“ „als Ganzheit“ „mit philosophisch gesicherter Gewissheit“ (S. 53). Wolfs Grundannahme ist, dass ich mich selbst als ontologische Ganzheit, also nicht bloß als eine Anhäufung ichhafter Einzelakte verstehen kann. Wir wissen, wie wir denken und fühlen und warum wir etwas tun. Und wir wissen, dass wir dieselben sind, während wir essen oder schlafen, und dass wir gestern dieselben waren, die wir morgen sein werden (S. 57). Von diesem Wissen aus gelingt uns sodann der Schritt in die Außenwelt. Denn wir wissen von innen heraus, dass wir uns nicht nur als ein Innenwirkliches, sondern zugleich auch als ein Außenseiendes gegeben sind, dass wir

---

18 Das mir von Gerhard Wolf überlassene Material besteht aus einem ersten, in neun Paragraphen gegliederten, offenbar für die Vorlesung gedachten Teil und einem zweiten, ungeordneten Konvolut kürzerer und längerer Notizen. Diese Materialien hat Gerhard Wolf in eine maschinenschriftliche Fassung gebracht. Ich habe – mit zwei Ausnahmen (Fn. 21, 22) – nur den ersten Teil berücksichtigt und zitiere nach einer von mir vorgenommenen Seitenzählung.

19 Das Arbeitsverhältnis – Personenrechtliches Gemeinschaftsverhältnis oder Schuldverhältnis? 1970, S. 81; Lehrbuch des Schuldrechts, Erster Band, Allgemeiner Teil, 1978, § 1 C., S. 31 f.

20 Zum Begriff des Schuldverhältnisses, in: Festgabe für Heinrich Herrfahrdt, S. 197, 200.

nämlich ein körperliches Sein besitzen (S. 62). Dessen können wir gewiss sein, weil wir uns nicht nur von innen, sondern auch von außen wahrnehmen, indem wir z.B. einen Wirklichkeitsvorgang an uns selbst hervorrufen, etwa uns in den Finger beißen. Wir sind uns dann dieses Vorgangs als eines aus uns selbst kommenden Aktes unmittelbar selbst gewiss und wir finden die Bestätigung seiner „Realität", wenn wir den Biss und die Wunde sehen, sie fühlen, schmecken, riechen und den durch den Biss verursachten Schmerz empfinden (S. 63). Diese Gewissheit kann auf die „Realität" der Außendinge erstreckt werden, weil der rezeptive passive Vorgang derselbe ist (S. 64). Im Jahr des Fußballweltmeisters Deutschland erlaube ich mir, als ein Beispiel für diesen rezeptiven Vorgang den folgenden von Ernst Wolf beschriebenen anzuhängen: „Wir werden von einem heranfliegenden Gegenstand, sagen wir von einem Ball, getroffen. Wir sehen den Ball geflogen kommen, wir sehen, dass er uns trifft. Nehmen wir an, er trifft uns geräuschvoll auf Nase, Mund und Augen, so nehmen wir den Ball gleichzeitig mit allen fünf Sinnen wahr: wir sehen, hören, riechen, fühlen, schmecken ihn!". Das nennt Ernst Wolf „Wechselkontrolle der Sinne untereinander" (S. 65). Mithin ist die „Erfahrung" – so Ernst Wolf – eine vollwertige Erkenntnisquelle (S. 65). „Wir haben nicht den geringsten Grund, davon auszugehen, dass die Gegenstände ..., mit denen wir uns denkmäßig ... befassen, eine völlig beziehungslose Eigenwirklichkeit hätten, der in der Außenwelt, im äußeren Sein nichts entspräche!"[21]

Auf § 8 des Manuskripts, in dem Ernst Wolf „Die Beziehungen zur Außenwelt" ausgebreitet hat, folgt ein Abschnitt (§ 9), in dem er aus jener Konzeption Folgerungen für das Recht ableitet. Er behauptet nämlich, alle Begriffe des Rechts müssten gemäß diesem Ansatz eine neue Bedeutung erfahren. So gelangt er dann zu einem „ontisch-wirklichen Charakter des Rechts". Hiernach ist Recht ein Element innerhalb der Wirklichkeit und des Seienden. Grundlage des Rechts ist eine gegebene ursprüngliche ontische Verbundenheit der Menschen. Jeder Mensch, der zu einem anderen in ontische Beziehungen tritt, tritt zu ihm eo ipso in Rechtsbeziehungen. Diese werden durch die bloße Tatsache der ontischen Berührung nach Maßgabe der betreffenden ontischen Situation erzeugt (S. 68). Durch diese Lehre weist

21 Das steht in einem von Gerhard Wolf als Datei 7 bezeichneten Text (S. 1 f.).

Ernst Wolf das Recht in die Außenwelt. Er legt dar, das Recht sei keine Angelegenheit des Innenseins und der inneren Wirklichkeit, sondern umfasse sowohl die Innen- als auch die Außenwelt (S. 61). Hierin liegt die Abkehr von der idealistischen Grundausrichtung der Habilitationsschrift. Wir erinnern uns: Dort wurde das Recht als Denken aus der logischen Ordnung zusammengehöriger, mithin sinnhafter gedanklicher Momente abgeleitet. Nun notiert er zu „Ordnung" „als einer Art des Zusammen": „‚Das Zusammen' ist kein logisches, sondern ein ontisches Verhältnis" (S. 70). Hieraus folgert er, es sei „ontisch klar", das Recht gebe es nur im Seinsbereich der Menschen; es hänge mit ihrer Seinbestimmtheit zusammen.[22] Und dann kommt der entscheidende Satz: Unter Berufung auf Leonhard Nelson[23] – also auf einen der prominentesten Vertreter eines (kritischen) Realismus – schreibt Ernst Wolf: Rechtserkenntnis, Rechtswissenschaft ist nur möglich, wenn das Recht ein ontisches Etwas ist, das auch dann besteht, wenn es nicht erkannt wird (S. 68). Damit war das Recht aus einer rein geistigen Welt ausgeschieden und das ist die These, die Ernst Wolf dann über mehrere Jahrzehnte vertreten und mit der er im Jahre 2002 die publizistische Präsentation seiner Realen Rechtslehre abgeschlossen hat.

Vollständig verlassen hat Ernst Wolf freilich seine in der Habilitationsschrift vollzogenen Positionen in seinen frühen Vorlesungsmaterialien aber noch nicht. Vielmehr lesen wir dort, das Verfahren der Rechtswissenschaft sei deduktiv, schreite also vom Allgemeinen zum Besonderen (S. 31 f.). Das ist noch weit weg von der Realen Rechtslehre, wie Ernst Wolf sie in den 1960er Jahren ausgebaut und wie er ihr dann in den 1970/80er Jahren eine feste Gestalt gegeben hat, mit der sich dann Jan Schapp in der nächsten Abteilung dieser Tagung auseinandersetzen wird.

---

22 Das steht in einem von Gerhard Wolf als Datei 14 bezeichneten Text (S. 6).

23 Einen inhaltlichen Zusammenhang des kritischen Realismus Leonhard Nelsons mit der Realen Rechtslehre Ernst Wolfs hat schon Hadding, Recht und Realität – Franz Sommers unbeachteter rechtsphilosophischer Entwurf, in: Festschrift für Norbert Horn, hrsg. v. Klaus Peter Berger, Georg Borges, Harald Herrmann, Andreas Schlüter, Ulrich Wackerbarth, 2006, S. 1061, 1063 f., aber auch S. 1075, erkannt.

II. Abteilung

Ein Geschichtenphilosoph schaut auf die Reale Rechtslehre

Horst Hammen

Zur Einführung: Geschichten und Verhältnisse

Die Vorstellung des ersten Hauptredners unserer Tagung, des Rechtsphilosophen Jan Schapp, möchte ich mit der Schilderung einer kleinen Begebenheit beginnen, die sich vor 20 Jahren zugetragen hat. Ich hatte in dem Berufungsverfahren für die Besetzung des Lehrstuhls Nachfolge Thomas Raiser in Gießen vorgetragen, den ich noch heute innehabe, und wir saßen anschließend in kleinerem Kreise zusammen. Ich war braun gebrannt und hierauf angesprochen sagte ich, ich sei auf einer Reise in Venezuela gewesen. Darauf fragte Jan Schapp – seinerzeit schon viele Jahre und dann noch bis zum Jahre 2006 Inhaber des Gießener Lehrstuhls für Bürgerliches Recht und Rechtsphilosophie –: „Scheint dort dieselbe Sonne wie hier?" Eine solche Frage eines Philosophen ist gefährlich. Deshalb antwortete ich in der Manier von Ernst Wolf: „Ja, es gibt nur eine". Ich könnte mir vorstellen, dass diese Antwort Jan Schapp nicht vollständig zufrieden gestellt hat. Jan Schapp ist nämlich ein Vertreter der durch seinen Vater Wilhelm Schapp begründeten Philosophie der Geschichten,[1] die aus der Phänomenologie Edmund Husserls gewachsen und über sie hinausgewachsen ist, dessen zweiter Doktorand Wilhelm Schapp gewesen ist. Und aus dem Blickwinkel der Phänomenologie mag die Sonne in Venezuela durchaus anders strahlen als in Gießen oder Marburg.

Zum besseren Verständnis dessen, was Jan Schapp im Anschluss vortragen wird, darf ich Sie – auch wenn Jan Schapp einen allgemeinen philosophischen Ansatz wählen wird – vorab kurz mit der Geschichtenphilosophie Wilhelm Schapps vertraut machen. Wilhelm Schapp beschäftigt sich in den Werken seiner von Jan Schapp so apostrophierten dritten Schaffensperiode, in der er die Philosophie der Geschichten ausformuliert hat, mit dem Verhältnis des Menschen zur Außenwelt. An der Nahtstelle zur Außenwelt liegen die Wozudinge. Das sind die Dinge, die ein Mensch geschaffen hat.

---

1 So der Titel seines Werkes „Philosophie der Geschichten", 1959 (3. Aufl., hrsg. von Karen Joisten und Jan Schapp, 2014).

Das Schaffen der Wozudinge bezeichnete Schapp in einer früheren Schaffensphase als tätige Wahrnehmung. Diese tätige Wahrnehmung geht dann später in der Geschichte des Schaffens eines Wozudings auf, in welche auch das Auswas des Wozudings, vor allem aber auch sein Schöpfer einbezogen sind.[2] Dieses Einbezogensein steht nun keineswegs stets im Belieben des Menschen. Vielmehr sind die Menschen Wesen, bei denen sich Handlungen und Zufälle mischen. Die Geschichten sind, wie es der Gießener Philosoph Odo Marquard genannt hat, Handlungs-Widerfahrnis-Gemische.[3] Deshalb hat Wilhelm Schapp vom „Verstricktsein" in Geschichten gesprochen.[4]

Wilhelm Schapp hat seine Philosophie nicht im universitären Raum, sondern – wie es Hermann Lübbe formuliert hat – als Eigner einer Könnerschaft aus purer Liebhaberschaft[5] auf der materiellen Grundlage einer Tätigkeit als Rechtsanwalt und Notar betrieben. Und dieser sein juristischer Hintergrund ließ es mir zunächst denkbar erscheinen,[6] dass die sprachliche Parallele zu der Verstrickung durch staatliche Beschlagnahme, insbesondere durch Pfändung[7] (vgl. § 136 StGB), womöglich nicht ungewollt sei. Freilich hat dieses Verstricktsein doch wohl eine tiefere anthropologische Bedeutung, weil sich kein Mensch vollständig aus seinen Geschichtenzusammenhängen lösen kann, in die er mit seiner Geburt eintritt und zwar unabhängig davon, ob er sich dessen bewusst ist oder nicht,[8] also real! Diese Verstrickung eines

---

2 Vgl. Jan Schapp, Geschichtenphilosophie und Recht, in: Karen Joisten (Hrsg.), Das Denken Wilhelm Schapps, Perspektiven für unsere Zeit, 2010, S. 65, 68 f.

3 Odo Marquard, Die Philosophie der Geschichten und die Zukunft des Erzählens, in: Karl-Heinz Lembeck (Hrsg.), Geschichte und Geschichten, Studien zur Geschichtenphänomenologie Wilhelm Schapps, 2004, S. 45, 50.

4 So der Titel seines Werkes „In Geschichten verstrickt. Zum Sein von Ding und Mensch", 1953 (5. Aufl. 2012).

5 Hermann Lübbe, Lebensweltgeschichten. Philosophische Erinnerungen an Wilhelm Schapp, in: Karl-Heinz Lembeck (Hrsg.), Geschichte und Geschichten, S. 25, 27.

6 Auch Hermann Lübbe schreibt, es sei keine unzulässige biographische Vermittlung, daran zu erinnern, dass Schapp professioneller Jurist war (Vorwort zur 2. Auflage, in: Wilhelm Schapp, In Geschichten verstrickt. Zum Sein von Ding und Mensch, 5. Aufl. 2012, S. IX).

7 Vgl. Brox/Walker, Zwangsvollstreckungsrecht, 10. Aufl. 2014, § 13 Rn. 361 ff.

8 Karen Joisten, Vorwort zur 5. Aufl., in: Wilhelm Schapp, In Geschichten verstrickt. Zum Sein von Ding und Mensch, S. V, VII.

Menschen in eine Geschichte mit einem Wozuding verbindet sich mit den Geschichten anderer Menschen und Dinge. Die Welt ist schließlich der große Zusammenhang aller dieser Geschichten.[9] Das Recht wird dergestalt in die Philosophie der Geschichten einbezogen, dass der juristische Fall als Unrechtsgeschichte begriffen wird.[10]

Nun werden Sie fragen, was die Philosophie der Geschichten und einer ihrer Vertreter mit der Realen Rechtslehre und mit Ernst Wolf zu tun haben. Auf den ersten Blick nichts. Ernst Wolf hat die Geschichtenphilosophie nie erwähnt. Gleichwohl gibt es Gründe in der Sache und in der Person, die mich veranlasst haben, Jan Schapp um seinen Blick auf die Reale Rechtslehre zu bitten. Der schon erwähnte Odo Marquard sagt, Wilhelm Schapps Phänomenologie der Geschichten lasse die Dinge nicht einem ontologischen Substanz-Akzidenz-Schema unterfallen, weshalb beispielsweise ein bestimmter Dackel namens Adelzahn nicht Substanz mit Akzidenzen wie spitzem Schwanz und freitragend durchhängendem Bauch sei; vielmehr sei dieser Dackel Adelzahn derjenige, der Tante Rosalinde gebissen habe. Dementsprechend sei jeder Mensch sein Lebenslauf.[11] Hier sehe ich eine gewisse Parallele zur Realen Wissenschaftslehre Ernst Wolfs. Denn auch Ernst Wolf käme es nicht in den Sinn, die Dinge im Wege reiner begrifflicher Deduktion wahrnehmen zu wollen. Vielmehr geht auch bei ihm die Erfahrung von einzelnen Seienden aus, deren Individualität schlussendlich nur durch ihre räumlich-zeitlichen Verhältnisse zu anderen Seienden geprägt ist. Wenn man so will, sind die räumlich-zeitlichen Verhältnisse eines Seienden seine Geschichten. Und es sind nach Ernst Wolf diese Verhältnisse ebenso real wie nach Wilhelm Schapp die Geschichten – wenngleich dann allerdings die Philosophien Wilhelm Schapps und Ernst Wolfs doch weit auseinanderlaufen.

Neben solchen sachlichen Berührungspunkten gibt es aber auch Parallelen bei Jan Schapp und Ernst Wolf im persönlichen Lebensbild. Den

9 Vgl. Hermann Noack, Die Philosophie Westeuropas im zwanzigsten Jahrhundert, 4. Aufl. 1976, S. 208.

10 Jan Schapp, Der Fall – Geschichte und Erzählung, in: Positivität, Normativität und Institutionalität, Festschrift für Werner Krawietz zum 80. Geburtstag, hrsg. von Aulis Aarmio, Thomas Hoeren u.a., 2013, S. 433, 434 f.

11 Odo Marquard, Die Philosophie der Geschichten und die Zukunft des Erzählens, in: Karl-Heinz Lembeck (Hrsg.), Geschichte und Geschichten, S. 45, 49.

überwiegenden Teil der Tätigkeit vieler Dozenten der Philosophie, auch der meisten Rechtsphilosophen, bildet die Aneignung, kritische Betrachtung und Weitergabe der Philosophie anderer.[12] Jan Schapp und Ernst Wolf hingegen haben eine eigene philosophische Lehre in den Mittelpunkt ihrer Forschung und des akademischen Unterrichts gestellt. Und hierbei haben sie es nicht bewenden lassen. Vielmehr haben sie beide ihre philosophischen Überzeugungen zur Grundlage großer Lehrbücher des Zivilrechts und bedeutsamer methodologischer Abhandlungen gemacht.[13] Und schließlich: Wer könnte besser geeignet sein, über die Beschaffenheit der rechtlichen Verhältnisse zu sprechen als der Verfasser von – so der Titel von Jan Schapps Dissertation – „Sein und Ort der Rechtsgebilde"?[14]

Lassen Sie mich, bevor ich dann Jan Schapp um sein Referat bitte, noch dieses sagen: Die Akademischen Festveranstaltungen aus Anlass des 80. und des 90. Geburtstags von Ernst Wolf in der Alten Aula der Philipps-Universität in Marburg waren Foren, auf denen Ernst Wolf noch einmal Thesen über die „Krise des Rechtsstaats"[15] und über „Kants wahre Lehren"[16] vorgetragen hat. Mit der Publikation des letztgenannten Vortrags endete sein literarisches Schaffen. Deshalb beginnt mit dem heutigen Symposium zum 100. Geburtstag von Ernst Wolf eine Rezeption seines Werks, die auf

---

12 So die Beschreibung von Hermann Lübbe, Lebensgeschichten, Philosophische Erinnerungen an Wilhelm Schapp, in: Karl-Heinz Lembeck (Hrsg.), Geschichte und Geschichten, S. 25, 29.

13 Vgl. nur Jan Schapp/Wolfgang Schur, Einführung in das Bürgerliche Recht, 4. Aufl. 2007; dies., Sachenrecht, 4. Aufl. 2010; Jan Schapp, Methodenlehre des Zivilrechts, 1998; ders., Methodenlehre und System des Rechts, Aufsätze 1992–2007, 2009.
Ernst Wolf, Allgemeiner Teil des Bürgerlichen Rechts, 3. Aufl. 1982; ders., Lehrbuch des Schuldrechts, Erster Band: Allgemeiner Teil, 1978, Zweiter Band: Besonderer Teil, 1978; ders., Sachenrecht, 2. Aufl. 1979; ders., Anleitung zum Lösen zivilrechtlicher Fälle. Allgemeine Regeln, JuS 1961, S. 353 ff.; ders., Das Wesen des gerichtlichen Urteils, in: Gedächtnisschrift für Rudolf Bruns, hrsg. von J. Baltzer u.a., 1980, S. 221 ff.

14 Jan Schapp, Sein und Ort der Rechtsgebilde, 1968.

15 Ernst Wolf, Die Krise des Rechtsstaats – Festvortrag des Jubilars, in: Gerhard Lüke (Hrsg.), Die Krise des Rechtsstaats, Symposium aus Anlass des 80. Geburtstags von Ernst Wolf, veranstaltet am 29. Oktober 1994 in Marburg, 1995, S. 35 ff.

16 Ernst Wolf, Kants wahre Lehren, 2005.

seine Mitwirkung verzichten muss, aber auch eine kritische Reflexion seiner Realen Rechtslehre, wie er sie in seinen letzten Lebensjahren selbst geübt hat. Kritisches wird sicher auch nicht fehlen, wenn sich ein Vertreter einer anderen philosophischen Richtung mit dem Werk Ernst Wolfs auseinander setzt. In dieser Erwartung freuen wir uns nun auf die Außensicht Jan Schapps auf die Reale Rechtslehre.

Jan Schapp

Die Reale Rechtslehre – Ein Schlüssel zum Verständnis des Rechts?

I. Einführung

Der 100. Geburtstag von Ernst Wolf gibt Anlass, uns erneut seinem Werk zuzuwenden. Wir greifen dabei aus einem reichen Schrifttum die Reale Rechtslehre heraus, die für Wolf wohl auch im Mittelpunkt gestanden hat. Die Reale Rechtslehre kann unter drei Aspekten gesehen werden, einem philosophischen, einem juristischen und einem politischen. Der Hinweis auf den philosophischen Aspekt könnte irritierend wirken, da Wolf auf den ersten Blick auf der Grundlage einer der Philosophie gegenüber kritischen Einstellung das Recht als Wissenschaft begründen wollte. Hier beginnen aber bereits die Schwierigkeiten. Die Kritik Wolfs bezieht sich nicht auf die Philosophie als solche, sondern auf die Gründung der Rechtswissenschaft auf den philosophischen Idealismus. Grundlagenwissenschaften bleiben für ihn die Ontologie und die Logik, die herkömmlicherweise als philosophische Spezialdisziplinen angesehen werden. Die Würdigung unter rechtlichem Aspekt ist durch das Thema der Realen Rechtslehre vorgegeben. Bei einer Würdigung unter politischem Aspekt ergeben sich ähnliche Schwierigkeiten wie beim philosophischen Aspekt. Wolf würde sich wohl missverstanden fühlen, wenn man ihm eine politische Intention unterstellte. Dennoch kann natürlich auch eine apolitische Rechtslehre unter politischem Aspekt gesehen werden.

Wir wollen uns im Folgenden der Realen Rechtslehre unter diesen drei Aspekten zuwenden, durchaus in dem Bewusstsein, dass sie auch noch wieder – vielleicht unlösbar – ineinander verwoben sind. Die eigentlichen Motive Wolfs werden uns dabei wohl am deutlichsten in dem politischen Teil entgegentreten, in dem die existentielle Betroffenheit von Wolf zum Thema wird. Bis dahin ist dann allerdings doch ein längerer Weg, der uns zunächst durch die Philosophie und dann durch die Jurisprudenz führt.

Vorweg noch eine Bemerkung zu den Risiken einer Auseinandersetzung mit dem Werk eines aufs Ganze gesehen doch so komplizierten Denkers wie

Ernst Wolf. In der Auseinandersetzung lässt es sich nicht vermeiden, dass einzelne Meinungen doch stärker akzentuiert werden, als es im Sinne des Autors gelegen haben mag. Dann scheinen die herangezogenen Auffassungen gelegentlich auch nicht vollständig referiert, da der Autor an anderer Stelle die Sache doch in anderem Licht gesehen zu haben scheint. Mit einem Wort, es hat häufiger seine Schwierigkeiten, Ernst Wolf in Kürze auf den einen oder anderen Standpunkt festzulegen. Wir müssen diese Schwierigkeiten in Kauf nehmen, wenn wir zu einer substantiellen Auseinandersetzung mit seinem Werke kommen wollen.

II. Die Reale Rechtslehre unter philosophischem Aspekt

1. Wolfs Ablehnung des philosophischen Idealismus als Grundlage der Rechtswissenschaft

Das ganze Werk Wolfs ist durchzogen von der Ablehnung des philosophischen Idealismus als Grundlage der Rechtswissenschaft. Seine Überzeugung ist, dass es keine Ideen und kein Wesen der Dinge gibt, und damit auch keine Idee und kein Wesen des Rechts. Eine Argumentation mit dem Wesen des Rechts nimmt Wolf nun in sehr unterschiedlichen Fällen an. In diesen Zusammenhang stellt Wolf das ganze sogenannte Wertdenken im Recht, aber auch die Anwendung bestimmter gesetzlicher Generalklauseln, so etwa des § 138 Abs. 1 BGB. Er scheint in diesen Zusammenhang sogar die Argumentation mit einer Lebenswelt einzuordnen, die für ihn auch den Charakter eines Wertdenkens hat. Im Mittelpunkt dieser Kritik am philosophischen Idealismus scheint mir schließlich die Kritik der rechtsphilosophischen Lehre zu stehen, dass das Recht auf dem Prinzip der gegenseitigen Achtung des anderen zu gründen sei.

Wolfs Kritik des philosophischen Idealismus als Grundlage der Rechtswissenschaft scheint mir im Wesentlichen getragen zu werden von der Überzeugung, dass aus der Annahme von Ideen oder Wesen keine Rechtsfolgen abgeleitet werden können, oder wie man hier vielleicht doch zutreffender sagen müsste, keine Rechtsfolgen mit wissenschaftlicher Stringenz abgeleitet werden können. Das muss bedeuten, dass das Recht einer anderen Grundlage bedarf. Nun liegt die Schwierigkeit einer solchen Ableitung in der Tat auf der Hand und Wolfs Ansatz gewinnt hier doch beträchtliches Gewicht. In jedem Fall ist anzumerken, dass Wolfs antiidealistischer Ansatz in den siebziger Jahren, als er ihn entwickelte, zwar nicht herrschende Überzeugung, aber doch weit verbreitet war. Ich selbst habe ihn 1968 in meiner Dissertation „Sein und Ort der Rechtsgebilde“ im Rahmen einer auf der Phänomenologie und Geschichtenphilosophie gründenden Untersuchung über Eigentum und Vertrag vertreten.

An dieser Stelle wollen wir nun versuchen, Wolfs Ansatz in ein philosophisches Konzept einzufügen. Wolf macht das in seiner Weise durch Entwicklung einer Ontologie als Grundlage der Rechtswissenschaft. Wir wollen hier aber zunächst mit den Mitteln arbeiten, die die Philosophie selbst uns für eine Ablehnung des Idealismus zur Verfügung stellt. Zu diesem Zwecke greifen wir auf den mittelalterlichen Universalienstreit zurück, in dem sich dem Ideenrealismus der Nominalismus entgegensetzt. Nach diesem Nominalismus sind die Ausdrücke nur Bezeichnungen der Dinge, ohne Anspruch auf eigene Realität. In modernem Gewand treten uns die beiden großen Geistesrichtungen des Idealismus und des Nominalismus dann seit dem 19. Jahrhundert als Essentialismus und Existentialismus entgegen. Odo Marquard hat diesem Thema seine eindrucksvolle Monographie „Der Einzelne“ gewidmet. Er zeigt darin die religiösen Hintergründe von Essentialismus einerseits und Existentialismus andererseits auf. Kennzeichnend für den Existentialismus jedenfalls in seiner Spätphase dürfte dabei die Unterscheidung von Dasein und Sein sein, also die Abgrenzung von menschlichem Sein zu sonstigem Sein. Der Mensch ist in anderer Weise als Dinge. Im Sinne Wilhelm Schapps ist der Mensch in Geschichten verstrickt, in denen Dinge nur vorkommen. Ich habe schließlich – anknüpfend an die aristotelische Lehre vom Enthymem und die Geschichtenphilosophie Wilhelm Schapps – das Verhältnis von Induktion und Deduktion dahin begriffen, dass die Deduktion die Induktion voraussetzt (Rechtstheorie 42 (2011), S. 539 ff.). Wir lernen aus vergangenen Geschichten, wie wir uns in zukünftigen Geschichten zu verhalten haben.

Wolf reflektiert diese Zusammenhänge nicht unmittelbar. Züge des Nominalismus und Existentialismus sind aber in der Realen Rechtslehre durchaus erkennbar. Als nominalistisch könnte man die Auffassung von Ernst Wolf bezeichnen, dass die Begriffe und Sätze der Wissenschaft nur Hilfsmittel bei der Erkenntnis des Seienden sind, ihnen dagegen kein eigenes Sein zukommt. Es ist allerdings zweifelhaft, wie weit Wolf diesen Standpunkt selbst durchhält. Seine Lehren von der Begriffspyramide und von Gattung und Art weisen nicht in diese Richtung. Ausgesprochen nominalistisch ist dann die Auffassung von Wolf, dass ein Sein nur den individuellen Rechtsverhältnissen zukommt. Damit dürfte sogar ein Sein des objektiven Rechts in Abrede gestellt sein. Es fragt sich dann allerdings, in welchem Sinne in Abrede gestellt. Gesetze scheinen nur insoweit zu sein, als individuelle Personen durch sie individuelle Rechtsverhältnisse prägen.

Der existentialistische Bezug könnte insoweit gewahrt sein, als Wolf die Rechtsverhältnisse als personhafte Ordnungsverhältnisse begreift, die der Entstehung, der Erhaltung, der Entfaltung und der Fortpflanzung der daran beteiligten Menschen als Personen dienen. Auch der häufige Bezug auf die Menschenrechte wohl hauptsächlich im Sinne von Leben und Gesundheit, aber auch der Entschließungsfähigkeit des Menschen weist in die Richtung auf eine Abgrenzung des Seins von Mensch und Ding. Eine dezidiert existentialistische Position liegt darin allerdings nicht.

Als existentialistisch in einem weiteren Sinne mag man dann Wolfs Wendung gegen jede Art Ideologie bezeichnen, der wir uns im dritten Teil des Vortrags näher zuwenden.

2. Ernst Wolfs Kantianismus

Wolf hat sich eingehend mit der Philosophie Immanuel Kants auseinandergesetzt. Diese Auseinandersetzung fällt bereits in die siebziger Jahre und ist dort für 1979 in dem Werk „Gibt es eine marxistische Wissenschaft?“ dokumentiert. Dort nimmt Wolf über mehr als hundert Seiten zur Philosophie Kants Stellung. Dieser Abschnitt erst zum Schluss dieses Buches hat für das abgehandelte Thema zentrale Bedeutung. Kritische Stellungnahmen zu Kant sind dann über das ganze Werk Ernst Wolfs verstreut. Zur Feier seines 90. Geburtstags hat er einen Vortrag unter dem Titel „Kants wahre Lehren“ gehalten. Gelegenheit und Titel lassen diesen Vortrag den Charakter eines Vermächtnisses gewinnen.

Auf den ersten Blick übt Wolf scharfe Kritik an der Philosophie Kants. Sie wird besonders in der gerade schon erwähnten Abhandlung „Zur Philosophie Kants“ deutlich. Mit der Kritik an Kants Unterscheidung von Sein und Sollen, an der Unterscheidung von Ding an sich und Erscheinung und an Kants moralischem Freiheitsbegriff nimmt Wolf wesentliche Motive der heutigen kritischen Diskussion Kants auf. Das dürfte aber doch nicht das ganze Bild der Stellungnahme Wolfs zu Kant sein. Wolf dürfte vielmehr die Unterscheidung von Wissen und Glauben für die wahre Lehre Kants gehalten haben, wobei für ihn Kants Kritik der reinen Vernunft den Bereich des Wissens absteckt, während er den gesamten Bereich der praktischen Vernunft als Bereich des Glaubens deutet. Wolf kann sich dabei auf den Satz Kants aus der Vorrede zur 2. Auflage der „Zur Kritik der reinen Vernunft" berufen, dass er das Wissen aufheben musste, um zum Glauben Platz zu bekommen. Diese Deutung Kants durch Wolf lässt sich auch auf Wolfs Vortrag „Kants wahre Lehren" anlässlich seines 90. Geburtstages stützen. Sie kommt hier allein schon in der dem Vortrag vorangestellten Gliederung zum Ausdruck, in der Kants Lehren als im Grundansatz negativ bezeichnet werden, dann aber auch zum Schluss in dem Zitat von Kants Anmerkung zu seinem Brief an den Preußischen König, der ihn wegen seiner Lehre zur Frage der Existenz Gottes abgemahnt hatte.

Damit erfährt bei Wolf das ganze soeben abgehandelte Reich des Idealismus eine präzisere Verortung. Ideen existieren zwar nicht, aber sie sind doch Gegenstand des Glaubens. Das Reich des Wissens gründet Wolf nun zwar nicht wie Kant auf der Unterscheidung von Ding an sich und Erscheinung und damit auf den Anschauungsformen Raum und Zeit und den Kategorien, sondern auf seinen Begriff des Seienden und der auf dieses Seiende bezogenen Möglichkeit wissenschaftlicher Erkenntnis. Wir hatten Wolfs Wissenschaftsbegriff als nominalistisch bezeichnet, dabei allerdings einige Einschränkungen gemacht. Jetzt übernimmt dieser Begriff eine Funktion, die man immerhin als halbkantianisch bezeichnen könnte. Schließlich ordnet Wolf die Rechtslehre nicht wie Kant dem Reich der praktischen Vernunft zu, sondern dem Reich des Wissens. Entsprechend gewinnen die Rechtsverhältnisse den Charakter des Seienden. Während allerdings bei Kant nur die Natur durch das Wissen bestimmt ist, ist der Gegenstand des Wissens bei Wolf weiter, das Wissen bezieht sich auf das Seiende.

Kant hätte gegen Ernst Wolfs Abgrenzung von Wissen und Glauben wohl beträchtliche Einwände gehabt. Der kategorische Imperativ als Grundgesetz der praktischen Vernunft dürfte für ihn Gegenstand eines Wissens von vergleichbarer Art gewesen sein wie das durch Raum, Zeit und Kategorien geprägte Wissen der Natur. Das mag auch noch für die Postulate der praktischen Vernunft, wie insbesondere die Annahme einer Existenz Gottes gegolten haben. Ob der Glaube bei Kant nun bei dem postulierten oder erst bei dem geoffenbarten Gott beginnt, sei hier dahingestellt. In jedem Fall dürfte Kant das zentrale Systemgebäude seiner Moralphilosophie mit dem Kernstück des kategorischen Imperativs wohl nicht als Gegenstand des Glaubens gesehen haben. Dass Kants Bemerkung zum Verhältnis von Wissen und Glauben in der Vorrede zur 2. Auflage der „Kritik der reinen Vernunft" eine andere Deutung zumindest nahelegt, gehört zu einem der vielen Rätsel der Kant-Interpretation.

Hier könnte nun allerdings Ernst Wolf wieder einsetzen mit dem Einwand, dass Kant mit dem kategorischen Imperativ die säkularisierte Fassung des religiösen Gebots der Nächstenliebe gegeben habe und allein schon dieser Kontext von Kants Philosophie der praktischen Vernunft ihre Deutung als Gegenstand des Glaubens nahelege.

Bei aller Ablehnung der kantischen Philosophie im Einzelnen scheint mir Ernst Wolf doch mit der Bedeutung, die er der Unterscheidung von Wissen und Glauben für seine Reale Rechtslehre gibt, in der großen Tradition des Kantianismus zu stehen. Dabei gibt es auch bei Kant selbst Ansatzpunkte für die Deutung, dass er sich bei Einordnung seiner Rechtslehre in die Philosophie der praktischen Vernunft selbst nicht wohlgefühlt hat. Kants Begriffe des Rechts als äußerer Zwang und der Willkürfreiheit aus der Rechtslehre scheinen uns in Kants Philosophie der praktischen Vernunft auch nur schwer einen Platz zu finden.

3. Einige Fragen zum philosophischen Idealismus

Kants Kritik des philosophischen Idealismus, der letztlich dann wie angedeutet auch Ernst Wolf verpflichtet bleibt, wirft nun allerdings selbst wieder eine Reihe von Fragen auf, die weder Kant noch Ernst Wolf erörtert haben. Wenn wir uns hier auf einen Blick auf den philosophischen Idealismus der Antike beschränken, wobei uns insbesondere die Lehren Platos vor Augen stehen, so ist dieser Idealismus dort durchaus nicht Selbstzweck, sondern eingefügt in ein Weltbild, in dem er erst seine eigentliche Bedeutung gewinnt. Dieses Weltbild ist im Kern durch das Verhältnis von Böse und Gut bestimmt, das in der idealistischen Weltsicht einer Lösung zugeführt wird. Die erste Frage ist damit nicht, ob es das Gute als solches gibt, sondern welche Bedeutung das Gute für das Böse hat. Wenn Wolf eine tiefe Kluft zwischen Ethik und Recht annimmt, so könnte man in diesem Zusammenhang auch daran erinnern, dass Plato in seinem Dialog „Staat“ seine Konzeption eines Staates des Philosophen als Lösung des ewigen Streites um Eigentum, Frauen und Kinder angesehen hat. Diese existentielle Dimension des Idealismus ebenso wie der später auf ihm aufbauenden christlichen Theologie kommt bei Kant nicht in den Blick. Entsprechendes gilt für Ernst Wolf, der insoweit Kant folgt.

III. Die Reale Rechtslehre unter dem Aspekt des Rechts

1. Vorbemerkung

Als die beiden Grundbegriffe des Rechts können das subjektive und das objektive Recht angesehen werden. Damit stellt sich schon die Frage nach dem Verhältnis von subjektiven Rechten und objektivem Recht. Es ist nun eine weitverbreitete Überzeugung, dass das objektive Recht die subjektiven Rechte nicht oder doch nicht allein zu schaffen vermag. Das bedeutet, dass die subjektiven Rechte in Sinnzusammenhängen stehen, die sie von sich aus zu begründen in der Lage sind. So hat man die subjektiven Rechte als Menschenrechte zu deuten versucht, die den Berechtigten als Menschen und nicht aufgrund rechtlicher Gewährung zustehen. Am überzeugendsten ist noch die Zurückführung der subjektiven Rechte auf die Zusammenhänge, in denen sie vorkommen. Das führt zu einer Lehre von Eigentum und Vertrag, die wiederum in einem engen Zusammenhang stehen, der sich ebenfalls anschaulich machen lässt.

Was ist aber nun die Bedeutung des objektiven Rechts für Eigentum und Vertrag? Das objektive Recht gewährt Rechtsschutz im Hinblick auf Konflikte um Eigentum und Vertrag durch Normierung von Ansprüchen. Bei dieser Normierung von Ansprüchen setzt das objektive Recht nun seinerseits fest, unter welchen Voraussetzungen es Eigentum und Vertrag als Anspruchsgrundlagen annehmen will. Indem es die Voraussetzungen der Ansprüche rechtlich durchdringt, macht es die Gebilde Eigentum und Vertrag zu Rechtsgebilden. Damit haben Eigentum und Vertrag zwar ihren Sinn für sich, werden aber zu Rechtsgebilden im Hinblick auf den vom Recht gewährten Rechtsschutz durch Ansprüche. Die rechtliche Durcharbeitung von Eigentum und Vertrag durch das objektive Recht hat zwar vorrangig das Ziel des Rechtsschutzes, sie prägt dann aber doch mittelbar den gesamten Umgang der Menschen mit Eigentum und Vertrag, weil die

Notwendigkeiten eines Rechtsschutzes durch Anspruchsgewährung von den Bürgern bei ihrem Umgang mit Eigentum und Vertrag immer schon bis zu einem gewissen Grade antizipiert werden und sich jedenfalls nie vollständig ausblenden lassen.

Diese Struktur des Rechts ist das erste Mal von Gaius in seinen „Institutionen“ im Jahre 162 nach Christus herausgearbeitet worden. Nach Gaius erstreckt sich alles Recht auf Personen, Sachen und Klagen (personae, res, actiones). Wir sehen diese Struktur insbesondere in dem von Gaius angenommenen Verhältnis von Sachen (Eigentum, Obligation) und Klagen. Kant übernimmt den Grundgedanken mit seiner Unterscheidung von Privatrecht und bürgerlichem Recht. Nach dieser Auffassung ist das Privatrecht der Sanktionen des bürgerlichen Rechts noch „beraubt“ und wird daher gerade deshalb als Privatrecht bezeichnet. Hegel unterscheidet in seiner berühmten Wendung vom Recht als der Negation der Negation des Rechts ebenfalls zwischen dem Recht als Gegenstand und als Folge des Rechtsschutzes. Das BGB kommt mit der starken Stellung, die es dem Rechtsgeschäft im Allgemeinen Teil einräumt, zunächst einmal zu einer anderen Perspektive. In der Konzeption des Schuldrechts über das Schuldverhältnis im weiteren und im engeren Sinne und des Sachenrechts über Eigentum und dingliche Abwehransprüche scheint jedoch Gaius' Unterscheidung von res und actio wieder durch.

Diese Betrachtung führt zu dem Ergebnis, dass subjektivrechtliche und objektivrechtliche Seite des Rechts genauer beschreibbar sind, wobei man mit Kant die eine als Privatrecht, die andere als bürgerliches Recht bezeichnen kann. Zugang zur objektivrechtlichen Seite wird man dabei nur über den Gedanken der rechtlichen Entscheidung eines Konflikts um Eigentum und Vertrag gewinnen.

Damit mag sich uns auch ein erster Zugang zur Realen Rechtslehre von Ernst Wolf erschließen. Er erfasst den Gedanken der subjektivrechtlichen Seite mit aller Energie, zu der auch gehört, dass er eine Konstitution dieses Bereichs durch das objektive Recht mit Schärfe ablehnt. Systematisch kaum integriert ist bei Wolf dann jedoch die Funktion des Rechts als Konfliktsentscheidung. Sie hätte bedeutet, dass dem Konflikt um die subjektiven Rechte in dem systematischen Ansatz jedenfalls mittragende Bedeutung hätte gegeben werden müssen. Wolf hat sich ganz offenbar dazu nicht durchringen können.

Übrigens liegt eine der größten Schwierigkeiten der hier kurz skizzierten Konfliktsbetrachtung des Rechts darin, dass man sich Ansprüche auf Vertragserfüllung offenbar nur schwer als Folgen einer Konfliktsentscheidung vorstellen kann. Ist es nicht der Vertrag, der in diesen Fällen zur Durchführung gelangt, ohne dass die Frage des Rechtsschutzes überhaupt eine Rolle spielen würde? Der Einwand erledigt sich, wenn man den Anspruch auf Vertragserfüllung als Folge seiner Nichterfüllung betrachtet, mit der der Konflikt heraufbeschworen wird.

Wir gehen im Folgenden auf einige der Grundgedanken der Realen Rechtslehre von Ernst Wolf näher ein, wobei uns die vorstehende Betrachtung zu einer gewissen Orientierung dienen mag. Es kommt dabei auch zu Bezugnahmen auf den gerade schon abgehandelten philosophischen Aspekt der Realen Rechtslehre. Es fällt auf, dass Wolf sich bei den Rechtsgebilden der subjektivrechtlichen Seite stark an deren Ausgestaltung durch die Rechtsdogmatik orientiert, was nach seinem Wissenschaftsbegriff konsequent erscheint, nach unserer vorstehenden Betrachtung auch vertretbar ist, was dann aber doch einige Verwunderung hervorruft, wenn man sich daran erinnert, dass hier Seiendes selbst abgehandelt wird.

2. Die Rechtsverhältnisse

Die Qualität des Seienden kommt nach Wolf im Recht nur den Rechtsverhältnissen zu. Wolf versteht darunter rechtliche Verhältnisse zwischen einzelnen individuellen Personen. Die Rechtsverhältnisse sind personhafte Ordnungsverhältnisse und unterscheiden sich dadurch von Verhältnissen sonstiger Art. Als personhafte Ordnungsverhältnisse dienen sie der Entstehung, Erhaltung, Entfaltung und Fortpflanzung der Menschen als Personen.

Zu den Rechtsverhältnissen zählt Wolf auch die Menschenrechte, jedoch geht der Begriff des Rechtsverhältnisses bei Wolf weiter als der der Menschenrechte. Leider findet sich keine eindeutige Abgrenzung, was er unter Menschenrechten versteht. Sicher gehören für ihn dazu die persönlichen Rechte Leben, Körper, Gesundheit, dann wohl auch die Entschließungsfreiheit des Menschen, während das Eigentum für ihn natürliches Rechtsverhältnis, aber kein Menschenrecht ist. Damit setzt sich Wolf vom klassischen Begriff der Menschenrechte ab, der das Eigentum mitumfasst. Es deutet sich hier eine gewisse Distanz zu Versuchen an, das Privatrecht in erster Linie unter wirtschaftsliberalem Aspekt zu sehen. In jedem Falle votiert Wolf offenbar für eine Gleichberechtigung von personrechtlicher und vermögensrechtlicher Seite des Rechts. Die Berufung Wolfs auf die Menschenrechte, wie auch immer man den Begriff bestimmen mag, stellt für Wolf wohl vor allem ein wichtiges Argument dafür dar, eine Rechtslehre auf den individuellen Rechtsverhältnissen statt auf dem Gesetz aufzubauen. Das Argument Menschenrechte tritt für Wolf dann auch an die Stelle der hier an sich naheliegenden Berufung auf die Grundrechte. Wolf hätte sich bei einer Argumentation mit den Grundrechten bereits hier Grundfragen des Verfassungsrechts gegenübergesehen, so der Frage nach den Grundrechten als Wertordnung und nach der normativen Kraft der Verfassung. Das Grundgesetz selbst bedient sich übrigens des Arguments mit den Menschenrechten, wenn es sich in Art. 1 Abs. 2 für die Geltung der Grundrechte auf die Menschenrechte beruft.

Die Gattung Rechtsverhältnis versucht Wolf dann durch die Arten von Rechtsverhältnissen weiter aufzuklären. Ein rechtliches Verhältnis soll danach entweder ein subjektives Recht sein, eine Rechtspflicht, ein zusammengesetztes rechtliches Verhältnis, ein Rechtsverhältnis oder ein Ausschlussverhältnis. Auf den Entstehungstatbestand soll es dabei nicht ankommen. In diesem Zusammenhang präsentiert Wolf auch die Unterscheidung von absoluten und relativen Rechten, ferner von persönlichen und dinglichen Rechten.

Wolf bleibt mit seinen Arten von Rechtsverhältnissen stark der Dogmatik des Zivilrechts verpflichtet. Es drängt sich hier jedenfalls die Frage auf, ob mit diesen Arten von Rechtsverhältnissen die Rechtswissenschaft tatsächlich Seiendes erkennt. Haben wir mit diesen Arten von Rechtsverhältnissen nicht doch nur dogmatische Hilfsmittel für die rechtliche Entscheidung von Konflikten vor uns? In jedem Fall vermisst man einen Zusammenhang zwischen diesen Arten von Rechtsverhältnissen, den sie als Seiende doch vielleicht haben müssten. Stattdessen bleiben die genannten Rechtsverhältnisse unverbunden nebeneinander stehen. Dass in der Rechtswissenschaft der Begriff einer Art gebildet worden ist, sagt noch nichts über den Grund dieser Begriffsbildung aus.

Wolf gleicht dieses Defizit dann aber doch zu einem Teil durch einen anderen Gedankengang wieder aus. Schon der Begriff des Rechtsverhältnisses als einziger Grundbegriff des Rechts ist so gewählt, dass er – in traditioneller Sicht – Eigentum und Vertrag zu einer Einheit zusammenfasst. Wolf entfaltet im Grunde diesen Zusammenhang, wenn er schon in seinem

Allgemeinen Teil zur Erläuterung des Begriffs Rechtsverhältnis zwischen natürlichen und hergestellten Rechtsverhältnissen unterscheidet. Die Bedeutung dieser Unterscheidung für die Reale Rechtslehre hat dann 2001 Bettina Wendlandt in ihrem Aufsatz „Ernst Wolf und die Reale Rechtslehre“ herausgestellt. Wie ich höre, hat Frau Wendlandt diesen Aufsatz mit Ernst Wolf abgestimmt, sodass diese wichtige Akzentsetzung auch als von ihm autorisiert gelten kann.

Dieser Ansatz ist schließlich auch deshalb fruchtbar, weil er über den Begriff der Herstellung eine weitere Entfaltung der Rechtsverhältnisse ermöglicht. Wir können uns dabei auf Bettina Wendlandt stützen, die hier die Grundlinien der Realen Rechtslehre Wolfs pointiert zusammenfasst. Ein Rechtsverhältnis wird danach hergestellt durch zivilrechtliches Rechtsgeschäft, wobei dem Vertrag wesentliche Bedeutung zukommt, durch zivilrechtliches Gesetz, das als Rechtsgeschäft aller Bürger begriffen wird, und durch öffentlich-rechtliches Gesetz, in dem Wolf wohl ebenfalls ein Rechtsgeschäft aller Bürger sieht. Das ganze öffentliche Recht wird auf diese Weise in den zivilrechtlichen Zusammenhang einbezogen und in ihm verankert.

Die Durchführung dieses umfassenden Ansatzes für das Recht wirft natürlich eine große Zahl von Fragen auf. Wolf selbst ist auf wichtige Fragen eingegangen, hat nach meinem Eindruck dann aber doch vieles dahinstehen lassen. Wir heben nur zwei Punkte hervor. Sind nicht auch die natürlichen Rechtsverhältnisse in vielen Fällen durch Rechtsgeschäft hergestellt? So lässt sich heute das Eigentum in den meisten Fällen durch einen rechtsgeschäftlichen Erwerbsvorgang begründen. Es bleiben allerdings die persönlichen Rechte wie Leben, Körper und Gesundheit, dann wohl auch die Entschließungsfreiheit, die ihrerseits wieder die Grundlage jeder Art von Herstellung von Rechtsverhältnissen ist.

In diesem Zusammenhang stellt sich dann schließlich die Frage, von welcher Art die Herstellungswirkung des zivilrechtlichen und des öffentlich-rechtlichen Gesetzes ist. Wenn das Gesetz hier alleiniger Grund des Rechtsverhältnisses wäre, ließe sich wahrscheinlich der von Wolf so hingebungsvoll verfochtene Primat der Rechtsverhältnisse vor dem objektiven Recht nicht aufrechterhalten. Wie also soll man sich die Dinge vorstellen? In seinem Allgemeinen Teil hat Wolf dazu eine Antwort am Beispiel des § 823 Abs. 1 BGB gegeben. Er fasst diese Bestimmung als Beschreibung eines in der Sphäre der Rechtsverhältnisse ablaufenden Kausalverlaufs auf, der die Konsequenz der Schadensersatzpflicht auch dann hätte, wenn er durch das Gesetz nicht in dieser Weise beschrieben worden wäre. Das Gesetz hat damit nur feststellende Wirkung im Hinblick auf einen Rechtssatz, der sich gewissermaßen aus den Begriffen der in dieser Bestimmung genannten Rechte und Rechtsgüter ergibt. Diese Deutung bleibt problematisch, weil sie die vom Gesetzgeber vollzogene Bewertung der unerlaubten Handlung als rechtswidrig und schuldhaft nicht ausreichend berücksichtigt. Sie ist daher auch nicht für das gesamte Zivilrecht verallgemeinerungsfähig, wie Wolf wohl angenommen hat.

Bettina Wendlandt löst die Problematik – auch insoweit wohl wieder autorisiert durch Wolf – durch den Begriff der Umschaffung. Die Gesetze wirken sich danach ändernd oder umschaffend auf Rechtsverhältnisse aus. Diese umschaffende Wirkung wird wohl jedem Gesetz zugeschrieben, sodass für eine allein feststellende Wirkung der Gesetze kein Raum mehr ist. Allerdings wäre der Gedanke der Umschaffung durch Gesetz auch mit Wolfs ursprünglichem Ansatz vielleicht noch vereinbar, wenn man das Gesetz als Feststellung der sich aus der Sphäre der Rechtsverhältnisse ergebenden Notwendigkeit einer Umschaffung deuten würde. Der Vorrang der Rechtsverhältnisse ließe sich möglicherweise allerdings auch dann wahren, wenn man von einer konstitutiven Umschaffung durch das Gesetz ausginge. Das Gesetz hätte dann seine Wirkung auf Rechtsverhältnisse ja nicht etwa als hoheitlicher Befehl, sondern gerade in seiner Eigenschaft als Rechtsgeschäft der Bürger.

Der Gedanke der Umschaffung von Rechtsverhältnissen dürfte dann eine besondere Bedeutung für die öffentlich-rechtlichen Gesetze gewinnen, da im öffentlichen Recht die Gestaltung der Rechtsverhältnisse nach allgemeiner Auffassung primär durch das Gesetz erfolgt.

Der Begriff des Rechtsverhältnisses scheint uns nun in erster Linie zur Entfaltung des Privatrechts im kantischen Sinne geeignet, wobei allerdings das bürgerliche Recht im Sinne Kants immer schon einbezogen wird. Das ist die Folge davon, dass der Konflikt um Rechtsverhältnisse in diesem Ansatz nicht mitbedacht ist. Die Einbeziehung des Konflikts hätte dann allerdings bald zur Notwendigkeit geführt, dem Gesetzgeber und auch dem Richter Freiräume des Entscheidens zu konzedieren, was Wolf als Gründen, die wir noch darlegen werden, gescheut hat.

3. Kausalität und Freiheit bei Ernst Wolf

Im Rahmen seiner Realen Rechtslehre entwickelt Wolf eigene Lehren zur Kausalität und zur Freiheit. Er sieht darin keine Relativierung seiner Lehre von den Rechtsverhältnissen, diese erhält aber auf diesem Wege doch eine gewisse Tiefendimension. Zugleich ermöglichen die Positionen, die Wolf hier bezieht, noch Genaures zur Anknüpfung der Realen Rechtslehre an die Philosophie zu sagen. Ganz im Vordergrund steht hier die Philosophie Kants, wie schon in unserem ersten Abschnitt deutlich geworden sein dürfte. Übrigens behandelt Wolf Kausalität und Freiheit nicht als ein Thema, wie es für den Philosophen nahe liegt, sondern erschließt die beiden Themenbereiche je für sich. Das hindert uns nicht, die beiden Themen im Zusammenhang zu behandeln.

Die Bedeutung, die Wolf dem Prinzip der Kausalität für das Recht gibt, ist Folge von seinem Verständnis von Wissenschaft, mit dem er sich wiederum eng an Kants Kritik der reinen Vernunft anschließt. Dort hatte Kant die Wissenschaft von den Erscheinungen begründet auf die Anschauungsformen Raum und Zeit und die Verstandeskategorien, als deren wichtigste er das Prinzip von Ursache und Wirkung, also das Kausalitätsprinzip hervorhebt. Kant deutet seine Kritik der reinen Vernunft später in seinen „Prolegomena“ dahin, dass er die entscheidenden Beiträge zum Verstehen der materiellen Welt aus Mathematik und Physik entnommen habe. Der Mathematik entstammen die Anschauungsformen Raum und Zeit, der Physik das Kausalitätsgesetz als das Gesetz aller Bewegungen der Körper.

Wolf macht Kants Unterscheidung von Ding an sich und Erscheinung, die Grundlage von Kants Begriff der Wissenschaft ist, nicht mit, übernimmt aber doch Kants Begriff des Wissens und der Wissenschaft und räumt auf dieser Grundlage der Kausalität für das Recht eine entscheidende Bedeutung ein. Es entsteht jedenfalls auf den ersten Blick der Eindruck, dass Wolf die Möglichkeit einer Wissenschaft vom Recht durch die Kausalität verbürgt sieht.

Damit ergab sich für ihn nun allerdings die Frage, was für was im Recht kausal ist. Was ist im Recht als Ursache für welche Wirkung anzusehen? Hier drängt es sich auf, an Handlungen von Menschen anzuknüpfen, womit sich die Frage nach einem Begriff der Handlung im Recht erhebt. Wolf beantwortet diese Fragen in seiner Weise. Es könne nur einen ontologischen

Handlungsbegriff geben, einen spezifisch juristischen Handlungsbegriff hält er offenbar angesichts der Unterschiedlichkeit der juristisch relevanten Situationen nicht für möglich. Im Kern scheint mir Wolf die Antwort aber an anderer Stelle zu geben. Er begreift das Verhältnis von Tatbestand und Rechtswirkung im Recht als Ursache-Wirkung-Beziehung und damit als Anwendungsfall des Kausalitätsgesetzes. Diese Ursache-Wirkung-Beziehung tritt für ihn an die Stelle der Grund-Folge-Beziehung, unter der das Verhältnis von Tatbestand und Rechtsfolge in der Jurisprudenz meistens gesehen wird. An dieser Stelle wird besonders deutlich, welchen Paradigmenwechsel Wolf mit seiner Realen Rechtslehre vollzieht. Kantianisch gesprochen steigt Wolf aus einer Welt der Geisteswissenschaften aus und in eine Welt der Wissenschaft nach dem Vorbild der Naturwissenschaften ein.

In diesem Zusammenhang ist zu beachten, dass Wolf mit seiner Lehre von Tatbestand und Rechtswirkung bewusst keine Deutung des Aufbaus von Gesetzen geben will, sondern Tatbestand und Rechtswirkung dem Gesetz vorordnet. Während er zunächst den Gesetzen offenbar im Hinblick auf Tatbestand und Rechtswirkung nur feststellende Bedeutung zugeschrieben hatte, in ihnen also wissenschaftliche Erkenntnis eines Kausalverlaufs gesehen hat, hat er später die umschaffende Wirkung der Gesetze deutlicher hervorgehoben, wie sich aus dem Aufsatz von Bettina Wendlandt ergibt.

Alles drängt dann schließlich aber doch auf die Beantwortung der Frage nach der Handlung im Recht. Wenn Wolf uns – aus welchen Gründen auch immer – auch einen rechtlichen Begriff der Handlung nicht hat geben wollen, so findet sich doch in seiner Lehre von der Freiheit so etwas wie ein Ersatz für eine derartige Handlungslehre. Wir wollen sie einmal in diesem Sinne deuten, und dabei dahingestellt sein lassen, ob Wolf uns in dieser Frage gefolgt wäre oder nicht.

Freiheit ist für Wolf Entschließungsfreiheit. Diese ist teilweise durch Gehirntätigkeiten und tatsächliche Faktoren bedingt, ohne dass dadurch ihr Charakter als Freiheit in Frage gestellt würde. Sie ist von dem sich dem Entschluss anschließenden Wollen zu unterscheiden.

Ich gehe davon aus, dass Wolf in dieser Entschließungsfreiheit ein Rechtsverhältnis gesehen hat. Im Sinne seiner Unterscheidung von natürlichen und hergestellten Rechtsverhältnissen wäre die Entschließungsfreiheit ein natürliches Rechtsverhältnis. Dann würde in dem Abschluss von Rechtsgeschäften jeder Art von dieser Entschließungsfreiheit Gebrauch gemacht, sodass die Herstellung von Rechtsverhältnissen im Sinne von Wolf ebenfalls auf die Entschließungsfreiheit zurückgeführt werden könnte. Ein außerordentlich großer Teil des Rechts ließe sich also über die Entschließungsfreiheit zu einer Einheit bündeln. Wir lassen hier die von Wolf immer wieder gemachte Unterscheidung von Entschließungsfähigkeit und Entschließungsfreiheit einmal dahinstehen.

Freiheit in einem ähnlichen Sinne wird herkömmlicherweise auch als Menschenrecht betrachtet. Das dürfte auch Wolf vor Augen gestanden haben, wenn er sich auf die Menschenrechte beruft. Die Gründe, die Wolf dazu geführt haben mögen, Eigentum nicht als Menschenrecht zu sehen, treffen auf die Freiheit gerade nicht zu. Wolf kann sie als personhaftes Ordnungsverhältnis begreifen, das der Entstehung, Erhaltung, Entfaltung und Fortpflanzung des Menschen als Person dient.

Zu einer weiteren Abklärung ist dann allerdings auch hier der Rückgriff auf die kantische Philosophie hilfreich. Wo finden wir etwas, was der Wolf'schen Entschließungsfreiheit ähnelt, in dem Systemgebäude Kants? Kant entwickelt in seiner Philosophie der praktischen Vernunft den Begriff einer moralischen Freiheit, die letztlich in der Befolgung des kategorischen Imperativs liegt. Wolf hat in seiner Schrift über den Marxismus zu diesem Begriff der Freiheit kritisch Stellung genommen. Sie ist mit seiner Entschließungsfreiheit nicht gemeint. Andererseits geht Kant in seiner Philosophie der theoretischen Vernunft von einer umfassenden Herrschaft des Kausalitätsgesetzes aus. Menschliche Handlungen sind danach durch Triebe vollständig determiniert und damit notwendig unfrei. Wolf kann mit seinem Freiheitsbegriff aber an Kants Begriff der Willkürfreiheit in der Rechtslehre von „Die Metaphysik der Sitten" anknüpfen. Hier legt Kant einen Begriff der natürlichen Freiheit zugrunde, für den in den Kritiken der reinen und der praktischen Vernunft kein Platz war. Man kann darüber streiten, ob dieser Begriff der natürlichen Freiheit eher dem einen oder dem anderen Bereich zugeordnet werden muss. In jedem Fall vermochte auch Kant ohne ihn nicht auszukommen. Wenn Wolf diese Freiheit als Gegenstand einer Wissenschaft vom Recht sieht, die er in Anknüpfung an Kants Begriff des Wissens begründet, so ist diese Verortung vertretbar. Mit seinem Begriff der Willkürfreiheit in der Rechtslehre steht Kant übrigens Hobbes' Begriff der natürlichen Freiheit nahe, der dann doch als der wirkungsmächtigste Freiheitsbegriff der Aufklärung gelten kann.

Der Rang, den Wolf der Entschließungsfreiheit als Menschenrecht einräumt, hat nun allerdings auch Konsequenzen, die von Wolf wohl doch nicht genügend bedacht werden. Der Gebrauch der Entschließungsfreiheit ist ohne Wertungen nicht sinnvoll vorstellbar. Das gilt für alle Rechtsgeschäfte, also auch für die Gesetze. Es entspricht übrigens dem Begriff der Umschaffung von Rechtsverhältnissen. Dass die Rechtsgeschäfte Rechtswirkungen haben, deren Eintritt man sich nach dem Kausalitätsprinzip durch das Rechtsgeschäft kausal bedingt vorstellen kann, steht dem nicht entgegen, da Genese und Wirkung der Rechtsgeschäfte unterschieden werden müssen. Es liegt dann allerdings auch nahe, die Reproduktion und Konkretisierung dieser Wertentscheidungen des Gesetzes durch den Richter selbst wieder als Wertentscheidung anzusehen. Auch das würde der Intention Wolfs zuwider laufen.

Man kann versuchen, Wolfs Freiheitsbegriff mit Blick auf Kants Begriff der Willkürfreiheit in seiner Rechtslehre oder mit Blick auf Hobbes' natürliche Freiheit in der Philosophie zu verorten und ihn dann vor diesem Hintergrund zu verstehen. Näher liegt, die juristische Eigenständigkeit dieses Freiheitsbegriffs zu betonen. Damit ist zugleich gesagt, dass Wolf sich damit bewusst von dem theologischen Freiheitsbegriff und von dem ihn fortführenden philosophischen Begriff der moralischen Freiheit absetzt, wie ihn Kant in seiner praktischen Philosophie vertritt. Wolf stellt sich damit in eine große Tradition des primär juristischen Freiheitsbegriffs, die durch die Magna Charta mit ihrer Freiheit von willkürlicher Verhaftung begründet worden ist. Heute finden wir einen derartigen Freiheitsbegriff noch in § 823 Abs. 1 BGB. Die Verortung dieser juristischen Freiheit wiederum in einem philosophischen Rahmen führt zur allgemeinen Handlungsfreiheit und damit in einen Kontext der Aufklärung. So gesehen könnte dann letztlich hier die Bruchlinie auch wieder in der Philosophie selbst liegen, nämlich zwischen dem philosophischen Idealismus und den Positionen, die ihm entgegentreten. Im Sinne Wolfs dürfte die Besinnung auf den rein juristischen Gehalt dieses Freiheitsbegriffs aber wichtiger sein als der Versuch einer widerspruchsfreien Anknüpfung dieses Freiheitsbegriffs an philosophische Positionen. Für zukünftige Arbeit der Deutung am Freiheitsbegriff der Verfassung könnte dieses Freiheitsverständnis von Wolf wichtige Optionen eröffnen.

IV. Die Reale Rechtslehre unter politischem Aspekt

Wir haben die Reale Rechtslehre in ihren einzelnen Räumen abgeschritten, teils mit Zustimmung, teils mit Kritik, teils einfach nur beschreibend. Es fehlt aber noch eine Stellungnahme zum Sinn einer solchen Grundlegung des Rechts, die wir abschließend versuchen wollen. Es liegt auf der Hand, dass die erarbeitete Bestandsaufnahme dafür ganz unerlässlich ist.

Wolfs Reale Rechtslehre lässt sich in den großen Rahmen eines Kampfes von Wolf gegen jede Art Ideologie stellen. Die Ideologie ist dabei wieder der Wegbereiter der Diktatur. Natürlich drängt sich hier der Gedanke an die beiden Ideologien des 19. Und 20. Jahrhunderts auf, die zu Diktaturen geführt haben. Dokumentiert ist dieser Kampf in Ernst Wolfs Werk „Gibt es eine marxistische Wissenschaft?“ aus dem Jahre 1979. Dieses Buch dürfte durch das Erlebnis des Jahres 1968 und der folgenden Jahre in Marburg veranlasst sein, wie sich auch aus dem einführenden Abschnitt „Das Problem“ ergibt. In diesem Sinne dürfte auch Bettina Wendlandts Biografie von Ernst Wolf zu verstehen sein.

Die Wurzel der beiden genannten Ideologien sieht Wolf nun im philosophischen Idealismus, der nach seiner Auffassung aufgrund der Überschwänglichkeit seiner geistigen Konzeption immer schon die Gefahr der Entartung in sich birgt. So kommt es ihm bei der Darstellung des Marxismus in der genannten Schrift entscheidend auf dessen Zusammenhang mit der Philosophie Hegels und Kants an. Seine Einwände richten sich zwar gegen die Systemgebäude dieser Philosophen, aber die Folgen sind dabei doch immer mitbedacht. Dass der Marxismus nur auf der Grundlage seiner Herkunft aus dem deutschen philosophischen Idealismus vollständig verstanden werden kann, dürfte heute allgemeine Meinung in der Philosophie sein. Dabei wird meistens das Gewicht auf Hegel gelegt, während Wolf hier umfassender ansetzt. Für ihn ist Kant der eigentliche Ursprung dieser Entwicklung. Damit kommt auch der antike Idealismus in den Blick, dessen Gebrochenheit bei Kant für Wolf wohl einer der Gründe für die Entartung des deutschen philosophischen Idealismus zu den Ideologien gewesen ist, weil auf diesem Wege die einzelnen Fragmente in besonderer Weise politisch verfügbar wurden.

Der philosophische Idealismus und die in seinem Gefolge auftretenden Ideologien finden nun nach der Deutung von Wolf notwendig Eingang ins

Recht. Sie prägen sehr bald das Verständnis der Grundlagen des Rechts und wirken dann über die Freiräume, die dem Gesetzgeber und dem Richter herkömmlicherweise bei ihrer Rechtsfindung zugestanden werden.

Wolf wirkt dem nun entgegen, indem er das Recht auf Erfahrungswissenschaft und Logik begründet und zugleich die Beziehung des Rechts zum philosophischen Idealismus als der Quelle der Ideologien kappt. Durch seine Unterscheidung von Wissen und Glauben bleibt Wolf dabei der kantischen Philosophie verpflichtet. Während die Rechtswissenschaft einerseits nach dem Vorbild der Naturwissenschaften verstanden wird, wird doch andererseits der Freiheit als Entschließungsfreiheit ein Raum eröffnet, der die Rechtswissenschaft als Verwaltung der Folgen dieser Entschließungsfreiheit erscheinen lässt. Sie bleibt damit dann doch – kantianisch gesprochen – Geisteswissenschaft.

Bei der Beschäftigung mit der Realen Rechtslehre befremdet vielfach, daß Wolf dem Gesetzgeber und dem Richter keinen ausreichenden Freiraum für ihre Entscheidungen zur Verfügung stellt. Der Grund liegt auf der Hand. Wolf sieht hier die angesichts der Macht der Ideologien die nicht von der Hand zu weisende Gefahr einer „unbegrenzten Auslegung", um mit Bernd Rüthers zu sprechen. Wenn man Wolf allerdings mit der Entschließungsfreiheit beim Worte nimmt, so eröffnet sich sowohl für Gesetzgeber wie für Richter eine Sphäre der freien Wahl ihrer Motive bei ihren Entscheidungen, auf die auch die Rechtswissenschaft angewiesen bleibt. Das gilt für den Gesetzgeber schon deswegen, weil Wolf die Gesetze in den Rahmen seiner Lehre vom Rechtsgeschäft einordnet. In diesen Zusammenhang ließe sich dann auch dem Richter als Gehilfen des Gesetzgebers ein Platz anweisen.

Die von Wolf gesehenen Gefahren bestehen, aber es fragt sich doch, ob die von Wolf verordnete Kur nicht zu radikal ist. Vielleicht sollte man sich in diesem Zusammenhang auf einen Satz der mittelalterlichen Philosophie besinnen: „abusus non tollit usum". Frei übersetzt heißt das, dass die ständig gegenwärtige Möglichkeit eines Missbrauchs die Zulässigkeit vernünftigen Gebrauchs nicht aufhebt. Das gilt für das Verhältnis von philosophischem Idealismus und seiner ideologischen Entartung ebenso wie für die Notwendigkeit, dem Gesetzgeber und dem Richter ausreichende Freiräume für ihre Entscheidung zur Verfügung zu stellen. Was die Grundlagen betrifft, so sollte man der Rechtswissenschaft auch weiterhin einen angemessenen Platz im Reigen der Geisteswissenschaften zubilligen und sein Heil nicht in einer Annäherung an die Naturwissenschaften suchen. Die Furcht vor den Ideologien darf also ihrerseits nicht zu Reaktionen führen, die das Recht gewissermaßen erstarren lassen. Wenn Wolf sich auf die Erfahrungswissenschaft beruft, so lehrt die Erfahrung allerdings auch, wie wenig die Rechtswissenschaft einer ideologischen Politik entgegenzusetzen hat. Die Abwehr muss weit im Vorfeld beginnen, wobei auch die Abwehr von Ideologie ihrerseits dem großen Bereich der Politik zugeordnet werden muss. In diesem Sinne scheint uns auch Wolfs Reale Rechtslehre ein Beitrag zur Politik, weil sie die Gefährdung des Rechts durch Ideologien thematisiert.

Ein Studium der Realen Rechtslehre ist schwierig, eine Rechtswissenschaft der Zukunft wird aber darauf nicht verzichten können, wenn sie nicht auf eine Reihe wichtiger Einsichten verzichten will. Die Abgrenzung der Rechtswissenschaft von der Philosophie kann man als eindrucksvolle Warnung verstehen, es sich mit der Bedeutung der Philosophie für das Recht allzu leicht zu machen. Dann stellt die Reale Rechtslehre zutreffend die Eigengesetzlichkeit der Rechtsgebilde in den Mittelpunkt der Betrachtung, die nicht als Wirkung des objektiven Rechts verstanden werden kann. Wolf sieht sie in den Rechtsverhältnissen verwirklicht, ich bin in meinen Untersuchungen von einem Verbund von Eigentum und Vertrag ausgegangen. Es ist Kants Begriff des Privatrechts, auf den Wolf damit zurückkommt. Über das Rechtsgeschäft wird diese Eigengesetzlichkeit auch dem Gesetz zugesprochen, und zwar dem zivilrechtlichen Gesetz genauso wie dem öffentlich-rechtlichen Gesetz. Diese Einbeziehung auch des öffentlich-rechtlichen Gesetzes in die Reale Rechtslehre halten wir für einen fruchtbaren Ansatz zur Erschließung des gesamten öffentlichen Rechts. Wenn die Dogmatik des öffentlichen Rechts heute statt des Verwaltungsaktes das Rechtsverhältnis in den Mittelpunkt stellt, so lassen sich hier Verbindungslinien zur Realen Rechtslehre sehr schnell herstellen. Wolfs Aversion gegen die Verselbständigung von Gemeinschaften ist sicher ein eigenes Thema. Zumindest auf die Gruppen und ihre unterschiedlichen Interessen wird man allerdings für eine Dogmatik des öffentlichen Rechts nicht verzichten können.

Leider hat Ernst Wolf dem Konflikt und damit dem Recht als Sanktionsordnung nicht die Aufmerksamkeit geschenkt, die ihnen gebührt hätte. Das ändert nichts daran, dass eine intensive Auseinandersetzung mit der Realen Rechtslehre für jede Arbeit an den Grundlagen des Rechts auch in Zukunft unerlässlich sein wird.

III. Abteilung

„Juristische Person“ und rechtlicher Personalismus

Horst Hammen

Zur Einführung: Juristische Fabelwesen

Philosophie, auch Rechtsphilosophie, ist ein ernsthaftes Geschäft. Wie ernsthaft es ist, zeigt uns Umberto Eco's Weltbestseller „Der Name der Rose“. Im Mittelpunkt dieses Romans steht das zweite Buch der Poetik des Aristoteles, die Komödie. Aristoteles selbst hat in der Poetik (Kap. 6) angekündigt, nach der Tragödie auch die Komödie behandeln zu wollen und in seiner Rhetorik (I Kap. 11 und III Kap. 18) hat er auch zweimal auf eine Behandlung des Lächerlichen in der Poetik verwiesen. Von der Komödie des Aristoteles hat sich indes keine Abschrift erhalten. In Eco's Roman geht es nun um eine spätmittelalterliche Klosterbibliothek, in der versteckt das einzige und letzte Manuskript der Komödie lagert. Als seine Entdeckung durch einen aufklärerischem Denken zugeneigten Franziskaner droht, übergibt der Hüter der Bibliothek, der nur an die Wahrheit der Offenbarung glaubt, die unersetzliche Handschrift den Flammen, weil er meint, über die Wahrheit dürfe man nicht lachen. Wenn nun aber einer der größten Philosophen, Aristoteles, dem Lachen ein ganzes Buch gewidmet hat, dann brauchen auch wir uns heute das Schmunzeln nicht zu verkneifen. Deshalb verzeihen Sie mir, wenn ich dem Vortrag von Walther Hadding – mein akademischer Lehrer in Mainz – über „Die Verneinung der ‚juristischen Person‘ in Ernst Wolfs Realer Rechtslehre“ eine nicht in allen Teilen ernst gemeinte Einführung voranstelle.

Nach Ernst Wolf können an einem rechtlichen Verhältnis nur Menschen beteiligt sein.[1] Die Schaffung juristischer Personen[2] als Rechtssubjekte[3] hat

1 Ernst Wolf, Allgemeiner Teil des bürgerlichen Rechts, 3. Aufl. 1982, § 1 S. 1 ff.

2 Walther Hadding spricht in seinem nachfolgend abgedruckten Vortrag davon, die Anerkennung juristischer Personen sei dadurch problematisch geworden, dass die Mitgliedsfähigkeit solcher Personen bei Gesellschaften zugelassen worden sei. Das hat uns in der Tat solche Dinge wie die mittlerweile sogar im Gesetz verankerte (§§ 172 Abs. 6, 264 c Abs. 4 HGB) Eine-Person-GmbH & Co. KG beschert, bei der der Gesellschafter/Geschäftsführer der GmbH und der Kommanditist zunächst identisch sind und dann der Kommanditist seine Anteile an der GmbH als Einlage auf die KG überträgt, wodurch die KG alleinige Gesellschafterin ihrer Komplementär-GmbH wird (K. Schmidt, Gesellschaftsrecht, 4. Aufl. 2002, § 56 II., S. 1637: „absonderliche Verschachtelung"). Die Chance, auf das volkswirtschaftlich betrachtet berechtigte Bedürfnis von Einzelunternehmern nach einer Beschränkung ihrer Haftung für eine Unternehmung auf andere Weise als durch die gesetzliche Zulassung der Gründung von Strohmann- oder schließlich von Eine-Person-Gesellschaften mbH zu reagieren, etwa durch Schaffung des rechtsphilosophisch stimmigeren Kaufmanns mit beschränkter Haftung, wie es ihn in Portugal gibt, wurde frühzeitig vertan. Diese Entwicklung ist auf absehbare Zeit unumkehrbar. Der europäische Einigungsprozess hat es unmöglich werden lassen, solche Verdreifachungen der Person, wie ich sie eben an dem Beispiel der Eine-Person-GmbH & Co. KG geschildert habe, aus Deutschland fernzuhalten. Die Einpersonengesellschaftsrichtlinie 2009/102/EG gibt den Mitgliedstaaten grundsätzlich auf, die Errichtung von Einpersonengesellschaften mbH zu ermöglichen (Art. 2 Abs. 1). Die Niederlassungsfreiheit europäischen Rechts (Art. 49 AEUV) erlaubt es dann deutschen Staatsbürgern, eine solche Einpersonengesellschaft bspw. in Frankreich (Einpersonen-Société à responsabilité limitée [SARL]) zu gründen. Diese Gesellschaft französischen Rechts kann sodann wiederum unter Inanspruchnahme der Niederlassungsfreiheit ihren Verwaltungssitz nach Deutschland verlegen, ohne dass sie die Rechtsform als Einpersonengesellschaft französischen Rechts verliert. Schließlich kann die Gesellschaft, da das BVerfG die Bestimmung in Art. 19 Abs. 3 GG auf juristische Personen aus der ganzen EU erstreckt hat (BVerfG ZIP 2011, 1809), nach Art. 9 GG mit ihrem Gesellschafter im Ausgangspunkt völlig rechtmäßig eine KG deutschen Rechts gründen. Ganz ausgeblendet hat der europäische Gesetzgeber den angesprochenen Gedanken einer Konzerneingangskontrolle indes nicht. Die Richtlinie erlaubt nämlich den Mitgliedstaaten, Sanktionen – bspw. die Auflösung der Tochtergesellschaft – vorzusehen, wenn eine Einpersonengesellschaft oder eine andere juristische Person einziger Gesellschafter der Tochtergesellschaft ist (Art. 2 Abs. 2 lit. b).

3 Die „Maske" der juristischen Person (vgl. den nachfolgend abgedruckten Vortrag von Walther Hadding) bzw. der Rechtssubjektivität anderer Erscheinungen, wie der OHG oder des Betriebsrats macht ohne Zweifel – aber auf Kosten der

er als einen der wenigen Mängel des Bürgerlichen Gesetzbuchs betrachtet.[4] Darum hätte es seinen Unmut hervorgerufen, dass in den letzten Jahren neben den seit langem bekannten Rechtssubjekten Gebilde, die fähig sein sollen, Träger von Rechten und Pflichten zu sein – so die Beschreibung der Rechtsfähigkeit durch den Bundesgerichtshof[5] und in § 14 Abs. 2 BGB –, wie Pilze aus dem Boden geschossen sind. Begonnen hat die Ausweitung des Kreises der Rechtssubjekte – ich versuche, die Systematik der Rechtsfähigen mit dem nebenstehenden Schaubild anschaulich zu machen – mit der Wohnungseigentümergemeinschaft, die der BGH in einer Entscheidung aus dem Jahre 2005[6] rechtsfähig hat werden lassen, soweit sie bei der Verwaltung des gemeinschaftlichen Eigentums am Rechtsverkehr teilnimmt (Teilrechtsfähigkeit; vgl. § 10 Abs. 6, 7 WEG[7]).[8]

---

sachlichen Richtigkeit – die Rechtsanwendung leichter, weil sie es uns erlaubt, komplexe Gebilde wie die Gesamthand in der täglichen Rechtspraxis beiseite zu schieben. Gleichwohl benötigt man für die Teilhabe von Gemeinschaften am Vermögensverkehr weder deren Rechtspersönlichkeit noch irgendeine andere selbständige Rechtsfähigkeit. Die Bestimmungen über die OHG in §§ 124 Abs. 1, 125 a Abs. 1 S. 3, 130 a Abs. 1 S. 4, 131 Abs. 2 S. 2 HGB zeigen, dass Gemeinschaften, wenn es darum geht, Rechte bzw. Beteiligungen an anderen Gemeinschaften haben zu können, ohne jede Rechtspersönlichkeit auskommen. Und die Vorschriften über die nach herrschender Meinung nichtrechtsfähigen, aber über lange Zeiträume existieren könnenden Erbengemeinschaften (vgl. § 2044 BGB; in OLG Nürnberg GmbHR 2014, 1147 hält eine Erbengemeinschaft einen GmbH-Anteil seit fast 20 Jahren), insbesondere §§ 69 Abs. 3 S. 2 AktG, 18 Abs. 3 S. 2 GmbHG (vgl. hierzu Lange GmbHR 2013, 113), 77 Abs. 2 GenG, 146 Abs. 1 S. 2 HGB, aber auch §§ 2039 ff. BGB („Anspruch, Forderung, Recht") belegen, dass für eine Teilnahme am Vermögensrechtsverkehr und für die Beteiligung an Gesellschaften nicht einmal eine Rechtssubjektivität der Art benötigt wird, wie sie beispielsweise die OHG besitzen soll.

4 Ernst Wolf, Allgemeiner Teil des bürgerlichen Rechts, § 3 A., S. 177 Fn. 11, § 16 B., S. 650 ff.; ders., Grundlagen des Gemeinschaftsrechts, AcP 173 (1973), S. 97, 107 ff.

5 BGH WM 2000, 1257, 1258.

6 BGHZ 163, 154 ff.; vgl. Daum, Das Rechtssubjekt Wohnungseigentümergemeinschaft, 2012.

7 Eingefügt durch Gesetz vom 26.3.2007, BGBl. I, S. 370.

8 Rechtsfähigkeit soll es also nicht nur bei den schuldrechtlichen Gemeinschaften sondern auch bei *dinglichen* Gemeinschaften geben.

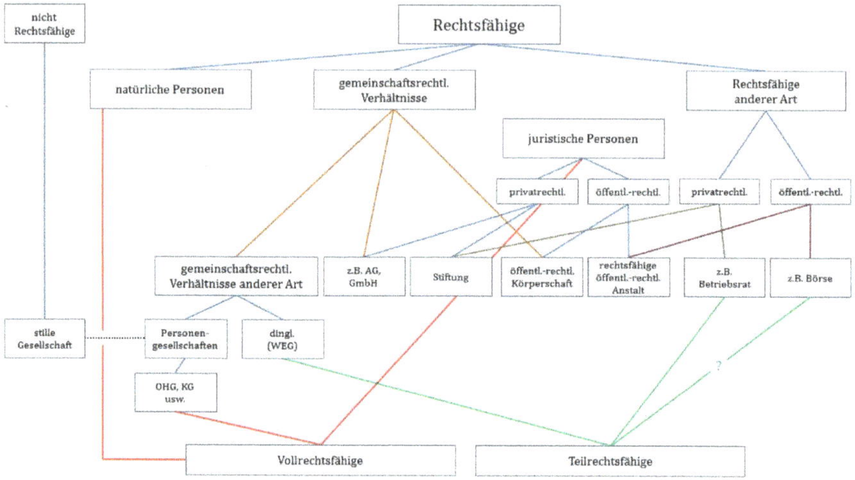

Juristisch „gewachsen“ ist auch der Betriebsrat, dem zunächst das Bundesarbeitsgericht Teilrechtsfähigkeit im Verhältnis zum Arbeitgeber[9] und dann kürzlich der Bundesgerichtshof „partielle Rechtsfähigkeit“ in Bezug auf Hilfsgeschäfte mit Dritten zuerkannt hat, die er im Rahmen seines gesetzlichen Wirkungskreises tätigt.[10] Ein drittes Beispiel: Nach der von Ernst Wolf als auf römischrechtlichen Vorstellungen beruhend und als überholt[11] kritisierten Bestimmung in § 1 BGB, nach welcher die Rechtsfähigkeit des Menschen mit der Vollendung der Geburt beginnt, ist der nasciturus als noch nicht fertiger, aber werdender Mensch lediglich in mancher Beziehung (vgl. etwa § 1923 Abs. 1 BGB) beschränkt rechtsfähig.[12] In einem übertragenen Sinne ist auch

9 BAG NZA 2005, 123, 124; so auch schon BVerwG NVwZ-RR 1992, 572 zum Personalrat.

10 BGH WM 2013, 1869, 1871.

11 Ernst Wolf/Naujoks, Anfang und der Ende der Rechtsfähigkeit des Menschen, 1955, S. 132; Ernst Wolf, Das Erbrecht des ungeborenen Kindes, in: Tradition und Fortentwicklung im Recht, Festschrift zum 90. Geburtstag von Ulrich von Lübtow, hrsg. von Klaus Slapnicar, 1991, S. 195 ff.

12 Larenz, Allgemeiner Teil des deutschen Bürgerlichen Rechts, 7. Aufl. 1989, § 5 II., S. 92 f.; Manfred Wolf/Neuner, Allgemeiner Teil des Bürgerlichen Rechts, 10. Aufl. 2012, § 11 IV., S. 119 ff.

die Erbengemeinschaft ein solcher nasciturus. Sie ist zwar – so hat es der BGH entschieden – kein „eigenständiges Rechtssubjekt“.[13] In der Rechtsprechung des Bundesfinanzhofs hat sie freilich schon den ersten Schritt auf dem Weg zur Anerkennung ihrer Rechtssubjektivität getan. Zwar hat sich der BFH im Grundsatz der vorgenannten Auffassung des BGH angeschlossen. In einem zweiten Schritt hat er dann aber die GbR als „selbständigen Rechtsträger“ im Sinne des Grunderwerbssteuerrechts eingeordnet.[14] „Rechtsträger“ ist eine durch das Umwandlungsgesetz 1994 in das Gesellschaftsrecht eingeführte Bezeichnung, die Rechtssubjektivität bedeutet und die, weil sie in diesem Gesetz auch auf die GbR angewendet wird,[15] ein wesentliches Argument für die Anerkennung der Rechtsfähigkeit der GbR durch den BGH im Jahre 2001 gewesen ist.[16] Und Selbständigkeit ist das Attribut, durch das der Gesetzgeber die Rechtsfähigkeit der GmbH und der eingetragenen Genossenschaft als juristische Person[17] von der Rechtssubjektivität der OHG abgehoben hat (vgl. §§ 13 Abs. 1 GmbHG, 17 Abs. 1 GenG[18] einerseits, § 124 Abs. 1 HGB andererseits).[19]

---

13 BGH NJW 2006, 3715.

14 BFH v. 12.2.2014, II R 46/12.

15 § 191 Abs. 2 UmwG: „Rechtsträger neuer Rechtsform können sein: 1. Gesellschaften des bürgerlichen Rechts“. § 202 Abs. 1 UmwG: „Der formwechselnde Rechtsträger besteht in der in dem Umwandlungsbeschluss bestimmten Rechtsform *weiter* [Hervorhebung v. Verf.]“.

16 BGH WM 2001, 408, 410; Timm NJW 1995, 3209 ff.; Hadding, Zum Erlangen von Rechtsfähigkeit nach deutschem Zivilrecht, in: Festschrift für Alfons Kraft, hrsg. v. Günter Hönn, Horst Konzen, Peter Kreutz, 1998, S. 137, 138.

17 Der Versuch von Thomas Raiser, alle Einrichtungen – einschließlich der Personengesellschaften –, denen der Gesetzgeber die Eigenschaft beilegt, Träger von Rechten und Pflichten sein zu können, als juristische Personen zu verstehen (Thomas Raiser, Der Begriff der juristischen Person, AcP 199 (1999), S. 104, 140 ff.), ist zwar dogmatisch durchaus bedenkenswert, für die Rechtsanwendung aber nicht förderlich. Denn der Gesetzgeber knüpft gelegentlich tatbestandlich ausdrücklich an den Begriff der juristischen Person des Privatrechts an (vgl. §§ 9 a Abs. 1 HGB und 7 des Einlagensicherungs- und Anlegerentschädigungsgesetzes).

18 Überschrift vor § 17 Abs. 1 GenG: „Juristische Person“, § 17 Abs. 1 GenG: „… als solche selbständig …“.

19 Vgl. aber auch die Überschrift von § 7 PartGG, in der von „rechtlicher Selbständigkeit“ der Partnerschaft die Rede ist.

Weitere potentielle Rechtssubjekte stehen schon in den Startlöchern. Kürzlich ist mir eine Dissertation in die Hände gefallen, in der allen Ernstes postuliert wurde, computergesteuerte, autonom operierende Maschinen zu Trägern von Rechten werden zu lassen.[20] Und wir wollen, nachdem der deutsche Gesetzgeber sie in § 90 a BGB aus dem Reich der Sachen ausgeschieden hat, die Tiere nicht vergessen. So setzt sich etwa das Great Ape Projekt des australischen Philosophen Peter Singer dafür ein, den großen Menschenaffen Menschenrechte zuzubilligen. So überraschend das sein mag: Tiere als Rechtssubjekte begreifen zu wollen, ist nichts Neues, sondern war bis zum Ende des Mittelalters gängiges Gedankengut. Im Jahre 1474 musste sich ein Hahn strafrechtlich verantworten und wurde dann verbrannt, weil er eine Sünde wider die Natur begangen hatte: Er hatte ein Ei gelegt.[21]

Betrachte ich nun diese neuartigen Erscheinungen, aber auch manches Altbekannte aus der Welt der Rechtssubjekte, fühle ich mich immer an das Reich der Märchen und Mythen erinnert. Anders als die reale Welt, in der es nur die Menschen gibt, ist die Märchenwelt auch von anderen sonderbaren Wesen bevölkert. Immer angerührt hat mich Andersens Märchen vom hässlichen Entlein, das ob seiner Hässlichkeit herumgestoßen wird, bis aus ihm eines Tages ein schöner Schwan geworden ist, der von allen bewundert wird. An dieses Märchen muss ich denken, wenn ich die Entwicklung der Gesellschaft bürgerlichen Rechts betrachte. Von den Vätern des BGB auf halbem Weg vom reinen Schuldverhältnis zu einem Träger von Vermögen stehengelassen,[22] von manchen als „halbe Sache" tituliert[23] und deshalb wie das Entlein vielleicht etwas unansehnlich gewesen, ist die

---

20 Andreas Matthias, Automaten als Träger von Rechten, 2. Aufl. 2010; vgl. ferner die Nachweise bei Windel, Ist der Mensch eine „juristische" Person? in: Festschrift für Jan Schapp zum siebzigsten Geburtstag, hrsg. von Patrick Gödicke, Horst Hammen, Wolfgang Schur, Wolf-Dietrich Walker, 2010, S. 537, 552.

21 Aus: Meder, Schuld, Zufall, Risiko, 1993, S. 59.

22 Vgl. Hadding, Die Initiativen des Reichsjustizamts und des Reichsjustizministeriums zur Gestaltung des Gesellschaftsrechts, in: Vom Reichsjustizamt zum Bundesministerium der Justiz, hrsg. vom Bundesministerium der Justiz, 1977, S. 263, 270 ff.; Soergel/Hadding, BGB, Bd. 11/1, 13. Aufl. 2011, § 718 Rn. 2.

23 Vgl. H.P. Westermann WM 2013, 441.

GbR unter den Händen des Bundesgerichtshofs[24] zu einem formidablen Rechtssubjekt erblüht,[25] das – was seine Fähigkeit angeht, an rechtlichen Verhältnissen beteiligt zu sein – anderen Gemeinschaften und Sondervermögen in nichts nachsteht.[26] Freilich sind die GbR, aber auch die anderen Personengesellschaften Irrlichter geblieben.[27] Denn sie werden zwar in § 14 BGB als „rechtsfähige Personengesellschaften" beschrieben – gibt es eigentlich noch nicht rechtsfähige (Außen-)Personengesellschaften?[28] –, dann aber in anderen Gesetzen als „nichtrechtsfähige Personenvereinigungen" bezeichnet (vgl. § 6 a KWG aus dem Jahre 2003!)![29]

Denke ich an die Rechtsfähigkeit solcher Rechtssubjekte, kommen mir die Halblinge aus Tolkiens „Der Herr der Ringe" in den Sinn, die wie Menschen, aber nur halb so viel sind. Auch in der juristischen Welt gibt es Halblinge. Hierzu gehören die Börsen, die als „teilrechtsfähige" (so ausdrücklich § 2 Abs. 1 BörsG), also im Grunde als nur halb rechtsfähige Anstalten des

24 Und zwar ungeachtet des Umstands, dass der BGH nach wie vor noch von beschränkter Rechtsfähigkeit spricht (BGH WM 2011, 1658, 1661).

25 BGH WM 2001, 408.

26 Hadding, Zur Rechtsfähigkeit und Parteifähigkeit der (Außen-)Gesellschaft des bürgerlichen Rechts sowie zur Haftung ihrer Gesellschafter für Gesellschaftsverbindlichkeiten, ZGR 2001, 712, 718.

27 Eine solche Chimäre, ein Mischwesen, ist auch die Eine-Person-Kapitalgesellschaft (§§ 1 GmbHG, 2 AktG), die zivilrechtlich eine Gesellschaft ist, deren Gründung aber nicht unter das Grundrecht der Vereinigungsfreiheit (Art. 9 GG) fallen soll, weil sie eben sachlich keine Vereinigung ist (Jarass/Pieroth, Grundgesetz, 12. Aufl. 2012, Art. 9 Rn. 5).

28 Flume ZIP 2000, 1427, 1428 zu § 14 Abs. 2 BGB: „Tautologie".

29 Und aus dieser Begriffsverwirrung findet man auch anders als beim „nichtrechtsfähigen Verein" (so die Überschrift von § 54 BGB), der aber gleichwohl rechtsfähig sein soll (vgl. hierzu Soergel/Hadding, BGB, 13. Aufl. 2000, § 54 Rn. 1), sachlich nicht mehr heraus. – Begriffliche Verwirrung gibt es auch in den Regelwerken der EU. So spricht etwa die deutsche Fassung von Art. 4 Abs. 1 der AIFM-Richtlinie 2011/61/EU von „juristischen Personen". Hierunter fasst man indes auch andere Rechtssubjekte wie etwa die Kommanditgesellschaft. Zur Begründung hierfür wird angeführt, in der englischen Fassung der Richtlinie werde der Begriff der „legal person" verwendet, der nicht zwingend mit demjenigen der juristischen Person im deutschen Sinne gleichzusetzen sei und unter den jede rechtlich verselbständigte Einheit unabhängig von ihrer Rechtsform und damit eben auch Personengesellschaften subsumiert werden könnten (Nierwerth/Rybarz WM 2013, 1154, 1158).

öffentlichen Rechts lediglich öffentlichrechtlich, nicht aber privatrechtlich rechtsfähig sein sollen,[30] weswegen sich das OLG Frankfurt vor kurzem gezwungen sah, eine Amtshaftungsklage gegen eine Börse wegen fehlender Parteifähigkeit als unzulässig abzuweisen[31] und weshalb der von manchen postulierte „Abschied von der Teil-Rechtsfähigkeit"[32] vielleicht etwas voreilig gewesen ist.[33]

Wie Andersens kleine Meerjungfrau gerieren sich neuerdings die juristischen Personen. Ähnlich wie die kleine Meerjungfrau – aus Liebe zu einem schönen Prinzen – zu einem Menschen werden wollte, wollte vor nicht allzu langer Zeit eine juristische Person, nämlich eine Rechtsanwalts-GmbH, wie ein Mensch Insolvenzverwalter werden, obgleich dieses Amt gesetzlich den natürlichen Personen vorbehalten ist (§ 56 Abs. 1 S. 1 InsO). Beiden – der Meerjungfrau wie der Rechtsanwalts-GmbH – war letztendlich kein Erfolg beschieden. Die Meerjungfrau wurde zu Meeresschaum, weil sie nicht die Liebe des Prinzen gewinnen konnte. Und die Rechtsanwalts-GmbH verlor den Rechtsstreit in letzter Instanz, weil es ihr nicht gelang, die Zuneigung des BGH zu erlangen, der nämlich bei § 56 InsO keinen Verstoß gegen den Gleichheitssatz in Art. 3 GG entdecken konnte.[34]

Mit derartigen juristischen Fabelwesen muss sich in dem nun folgenden Vortrag Walther Hadding auseinandersetzen. Walther Hadding hat sich, obgleich er ein Schüler des vormaligen Marburger Gesellschaftsrechtlers Rudolf Reinhardt ist, Ernst Wolf zeitlebens persönlich und fachlich verbunden gefühlt.[35] In den 1960er Jahren hat er als Assistent in Ernst

---

30 Hierzu Hammen, Öffentlichrechtliche Zahlungsansprüche von Börsen – Zur Rechtsfähigkeit der deutschen Börsen, in: Festschrift für Uwe H. Schneider, hrsg. v. Ulrich Burgard, 2011, S. 455 ff.

31 OLG Frankfurt v. 14.5.2013, 2/4 O 226/08.

32 Ulmer ZIP 2001, 585, 588 f.; Hadding, Zur „Begriffsverwirrung" und „Systemvergessenheit" im deutschen Gesellschaftsrecht, in: Festschrift für Volker Beuthien, hrsg. v. Martin Schöpflin, Frank Meik, Heinz-Otto Weber, Jürgen Bandte, S. 167, 172.

33 Vgl. auch Thüsing/Fütterer EWiR § 111 BetrVG 2/12, 783, 784; „Teilrechtsfähigkeit" des Betriebsrats.

34 BGH GmbHR 2013, 1265; kritisch Bluhm ZIP 2014, 555 ff.

35 Vgl. Hadding, Zur Systematik von Strukturelementen deutscher Gesellschaftsformen, in: Festgabe Zivilrechtslehrer 1934/35, hrsg. v. Walther Hadding, 1999, S. 147 f.

Wolfs rechtsphilosophischem Seminar gesessen. Im Jahre 1985 hat er die Festschrift zum 70. Geburtstag unseres Lehrers mit herausgegeben.[36] Der Glückwunsch zum 90. Geburtstag Ernst Wolfs in der NJW[37] stammt aus seiner Feder. Und im Jahre 2006 ist Walther Hadding auf einen Vorläufer der Realen Rechtslehre, nämlich auf Franz Sommer und dessen Werk „Kritischer Realismus und positive Rechtswissenschaft" Bd. 1, 1929 zurückgekommen.[38]

Franz Sommer hat unter anderem behauptet, auch die juristischen Personen seien Rechtsgebilde, die unabhängig von unserem Denken bestünden.[39] Das leitet zu dem Vortrag von Herrn Hadding über. Walther Hadding kennt das von ihm so genannte Personalgesellschaftsrecht wie kaum ein anderer. Dabei gehört er zu den Zivilrechtslehrern, die nicht bloß Einzelfragen des Gesellschaftsrechts nachspüren. Vielmehr waren ihm Fragen eines Systems des Gesellschaftsrechts stets ein besonderes Anliegen.[40] In diesem Zusammenhang ist er immer wieder auf die Rechtsfähigkeit von Gemeinschaften und Sondervermögen zurückgekommen.[41] In seiner Besprechung der grundlegenden Entscheidung des BGH zur Rechtsnatur der GbR aus dem Jahre 2001 hat er einer Entmythologisierung der juristischen Person das Wort geredet.[42] Ein Desiderat dieser Untersuchungen bildet die Verknüpfung aller jener Überlegungen mit den rechtsontologischen Grundlagen der

36 Recht und Rechtserkenntnis, Festschrift für Ernst Wolf, hrsg. v. Dietrich Bickel, Walther Hadding, Volker Jahnke, Gerhard Lüke, 1985.

37 Hadding, Ernst Wolf zum 90. Geburtstag, NJW 2004, 3477.

38 Hadding, Recht und Realität – Franz Sommers unbeachteter rechtsphilosophischer Entwurf, in: Festschrift für Norbert Horn, hrsg. v. Klaus Peter Berger, Georg Borges, Harald Herrmann, Andreas Schlüter, Ulrich Wackerbarth, 2006, S. 1061 ff.

39 Franz Sommer, Kritischer Realismus und positive Rechtswissenschaft, Bd. 1, 1929, S. 86, 175 ff.

40 Hadding, Zur Systematik von Strukturelementen deutscher Gesellschaftsformen, in: Festgabe Zivilrechtslehrer 1934/1935, S. 147 ff.

41 Hadding, Zum Erlangen von Rechtsfähigkeit nach deutschem Zivilrecht, in: Festschrift für Alfons Kraft, S. 137 ff.; ders., Zu „Begriffsverwirrung" und „Systemvergessenheit" im deutschen Gesellschaftsrecht, in: Festschrift für Volker Beuthien, S. 167 ff.

42 Hadding ZGR 2001, 712, 718.

Personhaftigkeit.[43] Dieser Verknüpfung wird Herr Hadding jetzt in seinem Vortrag „Die Verneinung der ‚juristischen Person' in Ernst Wolfs Realer Rechtslehre" nachgehen.

43 Vgl. aber die Überlegungen in Soergel/Hadding, BGB, Bd. 1, 13. Aufl. 2000, Vor § 21 Rn. 7 ff.

Walther Hadding

Die Verneinung der „juristischen Person" in Ernst Wolfs Realer Rechtslehre

Der Geburtstag von *Ernst Wolf* vor einhundert Jahren am 26.10.1914 bildet den äußeren Anlass dieses Treffens. Der innere Grund ist das Bemühen, sich mit seiner Realen Rechtslehre und ihren Erkenntnissen zu befassen. Mir fällt dabei mit dem Thema „juristische Personen" in der Realen Rechtslehre nur eine kleine Facette zu, die freilich für das Denken *Ernst Wolfs* kennzeichnend ist.

I. Die Aussagen Ernst Wolfs zu „juristischen Personen"

Ernst Wolf hat die gesetzliche Anerkennung „juristischer Personen", daran besteht kein Zweifel, als eine rechtliche Fehlentwicklung beurteilt und die in den Motiven zum BGB[1] so genannte „Rechtsfigur" der „juristischen Person" verneint.

Als seinerzeit für den Frankfurter „Baulöwen" *Schneider* die Insolvenz seiner Gruppe von zahlreichen, verschachtelten Gesellschaften eingetreten war, schrieb *Ernst Wolf* in der Tageszeitung „Die Welt" vom 10.5.1994 (S. 7) einen Artikel, in dem er seine Auffassung in der Rubrik „Die andere Meinung" deutlich kundtat. Dem Zusammenbruch der Immobiliengruppe *Schneider* liege ein „Strukturfehler" zugrunde, der „juristische Person" heiße. Mit den entsprechenden Vorschriften im Bürgerlichen Gesetzbuch, im Aktiengesetz und im Gesetz über Gesellschaften mit beschränkter Haftung „erzeugt der staatliche Gesetzgeber auf dem Papier eine als menschenähnlich zu ‚denkende' Attrappe, die ‚Person' genannt wird".

Ernst Wolf fährt fort: „Im 19. Jahrhundert haben führende Rechtswissenschaftler mit viel Aufwand über das ‚Wesen der Juristischen Person' gestritten. Die Lösung wurde vereinzelt ausgesprochen: ‚Die Juristische Person ist ein Gespenst'. Das machte auf die Gelehrten keinen Eindruck. Sie gaben

1 Motive zu dem Entwurfe eines Bürgerlichen Gesetzbuches für das Deutsche Reich, Band I., 1888, S. 78.

ihren gegenstandslosen Meinungsstreit zwar allmählich auf, hielten an der ‚Juristischen Person' aber unbeirrt fest. Das Leerwort ‚Juristische Person' erfüllt eine ‚rechtstechnische' Funktion, die vor allem bei der GmbH deutlich wird: Inhaber der in Paragraph 13 GmbH-Gesetz genannten ‚Rechte und Pflichten' sind nicht Gesellschafter, sondern ist ‚die Gesellschaft als solche', die ‚Juristische Person', das heißt nichts. Die ‚beschränkte Haftung' besteht darin, dass die Inhaber der ‚Juristischen Person' gegenüber deren Gläubigern nicht haften, mit anderen Worten darin, die Gläubiger, zum Beispiel Handwerker und Warenlieferanten zu entrechten und Ahnungslose irrezuführen".

Ernst Wolf weist ferner darauf hin: „Strukturell grundlegend ist, dass Inhaber einer ‚Juristischen Person' ebenfalls eine ‚Juristische Person' oder mehrere sein können, und so weiter. Auf diese Weise kann ein ‚Verschachtelung' genanntes Geflecht von ‚Juristischen Personen' entstehen, über das kein öffentliches Register Auskunft gibt und das – wenn überhaupt – nur noch von demjenigen übersehen wird, in dessen Hand die Fäden zusammenlaufen".

Das Fazit von *Ernst Wolf* lautet: „Die Katastrophe des Baukonzerns *Schneider* hat, wie üblich, eine Welle von Diskussionen über Schutzmaßnahmen gegen derartige Unfälle ausgelöst. Solange man nicht den Mut hat, den Hokuspokus der ‚Juristischen Person' aufzugeben, ist das Scheitern aller dieser Bemühungen gewiss".

Soweit der Zeitungsbeitrag als, soweit ersichtlich, letzte Äußerung von *Ernst Wolf* zur juristischen Person. Da der Beitrag die Überschrift trägt „Gespenst haftet nicht", wird die Kennzeichnung der juristischen Person als „Gespenst" bisweilen als eine von *Ernst Wolf* selbst vorgenommene Charakterisierung angesehen. Er sagt jedoch nur: „Die Lösung [nämlich im Streit führender Rechtswissenschaftler im 19. Jahrhundert über das ‚Wesen' der juristischen Person] wurde vereinzelt ausgesprochen: ‚Die juristische Person ist ein Gespenst'", [so sein Zitat ohne nähere Nachweisung].

Auf der Suche nach der vermutlichen Quelle bin ich auf *Otto von Gierke* gestoßen, nämlich seine Schrift „Personengemeinschaften und Vermögensinbegriffe in dem Entwurfe eines Bürgerlichen Gesetzbuches für das Deutsche Reich" aus dem Jahr 1889. Dort wird auf Seite 5 ausgeführt:

„Was aber ist die ‚juristische Person' des Entwurfes? Sie löst das Räthsel ihres Daseins nicht mit ausdrücklichen Worten auf. Dem aufmerksamen

Beschauer aber enthüllt sie schnell genug ihr Inneres. Sie ist nichts Anderes als die wohlbekannte persona ficta einer überlebten Doktrin, das oft todtgesagte künstliche Individuum, das am hellen Tage umgehende Gespenst, welches den Menschen von Fleisch und Blut nachäfft und nun gleich ihnen Anspruch auf die Güter dieser Erde erhebt!"

Otto von Gierke wollte freilich nicht – wie *Ernst Wolf* – die juristische Person überhaupt verneinen. Vielmehr trat er nur den Vertretern der so genannten Fiktionstheorie zum Wesen der juristischen Person entgegen. Sie seien infolge der romantisch-individualistischen Doktrin nicht bereit anzuerkennen, dass „es in Deutschland und anderswo Juristen giebt, welche den menschlichen Gemeinwesen eine reale Einheit und darum auch im Rechtsgebiet jedem als Körperschaft anerkannten Verbande eine reale Gesamtpersönlichkeit zuschreiben" (a.a.O., S. 6).

Hören wir weiterhin *Otto von Gierke*: „Sicherlich wird auch das deutsche Gesetzbuch am weisesten verfahren, wenn es den dazu geeigneten Verbänden einfach und unverkürzt *das Recht der Persönlichkeit* zuspricht, die Begrenzung des Inhaltes dieser Persönlichkeit aber der Wissenschaft und der Praxis überlässt" (a.a.O., S. 9).

Diese Lehre von der „realen Verbandsperson" hat *Ernst Wolf* strikt abgelehnt. Schon in seinem Beitrag „Grundlagen des Gemeinschaftsrechts"[2] hatte *Ernst Wolf* sich mit den Thesen *Otto von Gierkes* näher auseinandergesetzt. In seinem Lehrbuch „Allgemeiner Teil des Bürgerlichen Rechts"[3] lautet es zusammenfassend:

„Der Versuch, das ‚Wesen' der ‚juristischen Person' ‚real' zu erklären, ist seinem Ansatz nach verfehlt, weil die Behauptung, es gebe ‚juristische Personen', den realen Verhältnissen gerade nicht entspricht und weil, was nicht real existiert, auch real nicht erklärbar ist".

Allgemein führt *Ernst Wolf* in dem Lehrbuch[4] zu seiner eigenen Auffassung aus: Die Lehre von „juristischen Personen", die nach gesetzlichen Regelungen durch Eintragung in ein amtliches Register (z.B. Vereinsregister, vgl. § 21 BGB) oder durch staatliche Verleihung (wirtschaftlicher Verein, § 22 BGB) oder staatliche Genehmigung (Stiftung, § 80 BGB) „Rechtsfähigkeit" oder

---

2 AcP 173 (1973), S. 97, 109 ff.
3 3. Aufl., 1982, § 16 B. III. c) 3., S. 654.
4 A.a.O. (Fn. 3), § 16 B. III. c) 2., S. 650 f.

„Rechtspersönlichkeit“ erlangen, sei „ungeachtet des Versuches ihrer Durchführung in den genannten gesetzlichen Regelungen grundsätzlich verfehlt“.

Und nun folgt die entscheidende Argumentation „Die Eigenschaft, ein Lebewesen mit der Anlage zur Entschließungsfähigkeit (Person) zu sein, hat nur ein Mensch, weil nur ein solcher in sich selbst einen Entschluß hervorzubringen vermag. Nur ein einzelner Mensch kann dementsprechend auch an einem personhaften Ordnungsverhältnis, einem rechtlichen Verhältnis beteiligt und somit rechtsfähig sein. Weder ein Körperschaftsverhältnis, also ein Rechtsverhältnis, noch eine Körperschaft, also die durch ein solches zusammengeschlossenen Menschen in ihrer körperschaftsrechtlichen Verbundenheit, können eine Eigenschaft eines einzelnen Menschen haben. Sie können nicht in ihrer Gesamtheit ein Ich sein. Die idealistische Lehre vom überindividuellen ‚Ich‘ ist eine vernunftwidrige Fiktion. Es gibt daher weder eine ‚juristische Person‘ noch eine ‚Rechtsfähigkeit‘ einer Körperschaft. Eine inhaltlich beschränkte Rechtsfähigkeit ist, wie ausgeführt worden ist, ebenfalls nicht möglich“. *Ernst Wolf* fährt fort: „Daran können auch die genannten gesetzlichen Regelungen nichts ändern. Der Staat kann in den Grenzen der Möglichkeiten, die sich aus seinen Aufgaben und dem Begriff Recht ergeben, durch gesetzliche Regelungen allgemeine Rechtswirkungen herstellen. Natürliche Eigenschaften sind jedoch nach ihrem Begriff nicht herstellbar. Die Eigenschaften eines Lebewesens als Mensch, als Person und als rechtsfähig sind daher nicht herstellbar. Sie herzustellen ist auch dem Staat nicht möglich. Der Staat kann auch nicht bewirken, dass etwas nicht Existierendes ‚Person‘ oder ‚Persönlichkeit‘ ist. Wird versucht, das ‚vorzuschreiben‘, handelt es sich nicht um gesetzliche Regelungen, sondern um leere Wörter“. Dieser Text stand so schon in der 1. Auflage des Lehrbuchs „Allgemeiner Teil des bürgerlichen Rechts“ von 1973.

Dem steht die inzwischen seit weitaus mehr als einhundert Jahren im deutschen Rechtsleben praktizierte Bejahung von juristischen Personen im Sinne des BGB als Rechtssubjekt gegenüber, die jedenfalls „vermögensrechtsfähig“ sind. Sogar in Art. 19 Abs. 3 des Grundgesetzes lautet es seit 1949: „Die Grundrechte gelten auch für inländische juristische Personen, soweit sie ihrem Wesen nach auf diese anwendbar sind“.[5]

5 Vgl. dazu *Dreier, Horst*, in: Person und Rechtsperson (hrsg. von Gröschner/Kirste/Lembcke), 2015.

Und nicht nur hier werden „juristische Personen“ vorausgesetzt. In zahlreichen Regulierungen der Europäischen Union (Richtlinien, Verordnungen) sind Vorschriften für juristische Personen ergangen. Kann das gegenwärtige Wirtschaftsleben ohne diese „Rechtsfigur“ auskommen? Was soll man von der durch *Ernst Wolf* vertretenen Verneinung jeglicher juristischen Person halten? Hat der Gesetzgeber hier nicht zumindest die Chance einer Fiktion, das heißt der gesetzlichen Annahme von etwas, was nicht sein kann?

II. Kodifikationsgeschichtlicher Rückblick

Wenden wir uns, um den Blickwinkel zu erweitern, als Ausgangspunkt der rechtsgeschichtlichen Entwicklung auf deutschem Boden zu. Hierzu soll der Aspekt der Kodifikation im Vordergrund stehen. Insoweit richtet sich das Augenmerk namentlich auf das durch eine „allerhöchste Cabinetts-Ordre“ vom 13.7.1837 initiierte preußische „Gesetz über die Aktiengesellschaften“, das nach ausgiebigen Vorarbeiten vom König am 9.11.1843 in Kraft gesetzt wird. Dieses preußische Aktiengesetz von 1843 bestimmt in § 8, dass „Aktiengesellschaften durch die landesherrliche Genehmigung die Eigenschaft einer juristischen Person erlangen und insbesondere das Recht, Grundstücke und Kapitalien auf ihren Namen zu erwerben und in das Hypothekenbuch eintragen zu lassen“.

Nach § 9 des Gesetzes haben „Aktiengesellschaften, welche auf Gewerbe- und Handelsunternehmungen errichtet sind, ... kaufmännische Rechte und Pflichten. Übernehmen sie Wechselverbindlichkeiten, so ist gegen sie zwar der Wechselprozeß zulässig, die Exekution findet jedoch nur in das Vermögen der Gesellschaft statt“.

Diese Vorschriften brachten gegenüber dem bislang auch für das Gesellschaftsrecht maßgeblichen preußischen Allgemeinen Landrecht von 1793 (ALR) eine erhebliche Neuerung. Das ALR verstand Societäten – entsprechend den römisch-rechtlichen Wurzeln – allein als Zweckgemeinschaften, die im Außenverhältnis zwar als organisatorische Einheit auftreten, nicht aber als eigenständiges Rechtssubjekt Dritten gegenüber (insbes. I 17 §§ 230 ff. ALR). Das gleiche galt für „Handlungsgesellschaften“ im Sinne des ALR, also offene Handelsgesellschaften und Kommanditgesellschaften (II 8 § 614, § 647 ALR). Auch die (körperschaftlich organisierten) erlaubten Privatgesellschaften unterstanden im Außenverhältnis dem Recht

und Gesellschaften, welchen diese Eigenschaft besonders beygelegt ist". Es verwundert deshalb nicht, dass man unter seinem Einfluss als preußischem Staatsminister der Gesetzesrevision in den Verhandlungen über das preußische Aktiengesetz von 1843 davon ausging, es gehe „um die Erteilung von Korporationsrechten oder mit anderen Worten die Konstituierung der Gesellschaft zu einer juristischen Person".[6]

In der Folgezeit gab es eine Vielzahl von rechtswissenschaftlichen Stellungnahmen im Sinne von „Theorien", mit denen versucht wurde, das „Wesen" der juristischen Person zu erklären. Es seien diese Theorien und ihre hauptsächlichen Vertreter nur noch einmal rekapitulierend aufgezählt: Fiktionstheorie (*von Savigny, Puchta, Windscheid*), Theorie der „realen Verbandsperson" (*Beseler, Otto von Gierke, Zitelmann*), Theorie des Zweckvermögens ohne Rechtssubjekt (*Alois Brinz*, der die juristische Person als „Vogelscheuche" verspottete), Genießertheorie (*von Ihering, Hölder, Binder*) mit verschiedenen Abwandlungen (*Stampe, Meurer*)[7].

Für die Praxis wichtiger war die kodifikatorische Rechtsentwicklung. Auf dem Weg über das Allgemeine Deutsche Handelsgesetzbuch von 1861 mündete diese Entwicklung nach der Konstituierung des Deutschen Kaiserreichs in das Bürgerliche Gesetzbuch von 1896 und das Handelsgesetzbuch von 1897. In diesen Gesetzbüchern wurden juristische Personen als rechtsfähig anerkannt. Zur Regelungsaufgabe, die durch eine „juristische Person" wahrgenommen werden soll, war in den Motiven zu dem Entwurf eines BGB[8] ausgeführt worden: „Die Rechtsfigur der juristischen Person ist jedem nur einigermaßen entwickelten Rechte unentbehrlich. Neben den Sonderzwecken, welche der Einzelne seinen jeweiligen Bedürfnissen gemäß mit den ihm zu Gebote stehenden Mitteln verfolgt, liegen andere, im Interesse des

6 Zweite Verhandlung vor dem preußischen Staatsrat über das Aktiengesetz am 17.6.1843, abgedruckt bei Baums, Gesetz über die Aktiengesellschaften für die Königlich Preußischen Staaten vom 9.11.1843, Text und Materialien, 1981, S. 175; vgl. Hadding/Kießling, Anfänge deutschen Aktienrechts: Das Preußische Aktiengesetz vom 9. November 1843, in: Der praktische Nutzen der Rechtsgeschichte, Hans Hattenhauer zum 8. September 2001, hrsg. von Jörn Eckert, 2003, S. 159, 170.

7 Vgl. die Nachw. bei Soergel/Hadding, BGB, 13. Aufl. Band 1, 2000, Vor § 21 Rn. 8 ff.

8 A.a.O. (Fn. 1).

ist eine Rechtsperson ...“. Die Vorentwürfe des preußischen Gesetzes verwendeten noch den von II 6 § 81 ALR her geläufigen Ausdruck „moralische Person“. Der Begriff „person morale“ wurde insbesondere schon allgemein im französischen Code de Commerce von 1807 und auch im österreichischen ABGB verwendet. Er wurde als gleichbedeutend mit den ebenfalls gebräuchlichen Begriffen „mystische Person“, „fingierte Person“ oder eben „juristische Person“ gebraucht.

Der Leipziger Jurist *August Schiebe* schreibt in seinem Lehrbuch, Die Lehre von den Handelsgesellschaften (nach den französischen Quellen) von 1841 (S. 5, 12, 19):

„Im kaufmännischen Sprachgebrauche versteht man unter Handels-Societät, Handelsgesellschaft, Sozietät, Gesellschaft, Compagnie (société commerciale, société de commerce, compagnie), den mystischen Körper, die moralische Individualität, die durch die Vereinigung zweier oder mehrerer Personen auf eine gewisse Zeitdauer vertragsmässig gebildet wird, in der Absicht, ihre vereinten Kräfte (Vermögen und Arbeit) zum Betriebe von gesetzlich erlaubten Geschäften (einer Handlung, einer Manufactur, Fabrik) oder sonst irgend einer kaufmännischen Unternehmung auf gemeinschaftlichen Gewinn anzuwenden. ... Die Societät hat als collectives Wesen, als moralischer Körper eine Individualität, eine bürgerliche Existenz, wodurch sie von den Personen, welche sie bilden, unterschieden wird. ... Sie kann, als ein solches Wesen, vertragsgemäß Verbindlichkeiten gegen Dritte eingehen und Dritte gegen sie verbindlich machen; sie kann Dritte einklagen oder von ihnen eingeklagt werden. Sie kauft und verkauft, wird Schuldner und Gläubiger von Dritten, führt Buch und Rechnung und correspondiert über ihre Geschäfte, kann Gelder entlehnen und deren wegleihen, kurz alle diejenigen Handlungen verrichten, die im bürgerlichen und commerciellen Leben vorkommen und hat wie ein Staatsbürger ihr Domicil, ihre Pflichten und Rechte“.

Entsprechend lautet es in dem Werk von *Broicher/Grimm*, Das Handelsgesetzbuch der Königlich Preußischen Rheinprovinzen, 1835, S. 11: „Handelsgesellschaften sind dagegen moralische Personen, die eine von den Individuen, welche sie bilden, getrennte rechtliche Existenz haben“.

Schließlich hatte *Friedrich Carl von Savigny* in seiner Korporationslehre im „System des heutigen römischen Rechts“, 2. Band, 1840, S. 243, festgelegt: „Künstliche oder willkürliche juristische Personen sind alle Stiftungen und Gesellschaften, welchen diese Eigenschaft besonders beygelegt ist". Es verwundert deshalb nicht, dass man unter seinem Einfluss als preußischem Staatsminister der Gesetzesrevision in den Verhandlungen über das preußische Aktiengesetz von 1843 davon ausging, es gehe „um die Erteilung von Korporationsrechten oder mit anderen Worten die Konstituierung der Gesellschaft zu einer juristischen Person".[6]

In der Folgezeit gab es eine Vielzahl von rechtswissenschaftlichen Stellungnahmen im Sinne von „Theorien", mit denen versucht wurde, das „Wesen" der juristischen Person zu erklären. Es seien diese Theorien und ihre hauptsächlichen Vertreter nur noch einmal rekapitulierend aufgezählt: Fiktionstheorie (*von Savigny, Puchta, Windscheid*), Theorie der „realen Verbandsperson" (*Beseler, Otto von Gierke, Zitelmann*), Theorie des Zweckvermögens ohne Rechtssubjekt (*Alois Brinz*, der die juristische Person als „Vogelscheuche" verspottete), Genießertheorie (*von Ihering, Hölder, Binder*) mit verschiedenen Abwandlungen (*Stampe, Meurer*)[7].

Für die Praxis wichtiger war die kodifikatorische Rechtsentwicklung. Auf dem Weg über das Allgemeine Deutsche Handelsgesetzbuch von 1861 mündete diese Entwicklung nach der Konstituierung des Deutschen Kaiserreichs in das Bürgerliche Gesetzbuch von 1896 und das Handelsgesetzbuch von 1897. In diesen Gesetzbüchern wurden juristische Personen als rechtsfähig anerkannt. Zur Regelungsaufgabe, die durch eine „juristische Person" wahrgenommen werden soll, war in den Motiven zu dem Entwurf eines BGB[8] ausgeführt worden: „Die Rechtsfigur der juristischen Person ist jedem nur einigermaßen entwickelten Rechte unentbehrlich. Neben den Sonderzwecken, welche der Einzelne seinen jeweiligen Bedürfnissen gemäß mit den ihm zu Gebote stehenden Mitteln verfolgt, liegen andere, im Interesse des

6 Zweite Verhandlung vor dem preußischen Staatsrat über das Aktiengesetz am 17.6.1843, abgedruckt bei Baums, Gesetz über die Aktiengesellschaften für die Königlich Preußischen Staaten vom 9.11.1843, Text und Materialien, 1981, S. 175; vgl. Hadding/Kießling, Anfänge deutschen Aktienrechts: Das Preußische Aktiengesetz vom 9. November 1843, in: Der praktische Nutzen der Rechtsgeschichte, Hans Hattenhauer zum 8. September 2001, hrsg. von Jörn Eckert, 2003, S. 159, 170.

7 Vgl. die Nachw. bei Soergel/Hadding, BGB, 13. Aufl. Band 1, 2000, Vor § 21 Rn. 8 ff.

8 A.a.O. (Fn. 1).

öffentlichen Wohles oder privater Gemeinschaften gesetzte Zwecke, deren Verwirklichung nur dadurch sichergestellt werden kann, dass ihnen ein selbständiger, der Herrschaft des Einzelnen entrückter Vermögensbereich unmittelbar dienstbar gemacht wird. Die der Wissenschaft und Gesetzgebung geläufige Personifizierung solchergestalt bestehenden Vermögensbereiche entspricht der Vorstellungsweise des Lebens und dient zugleich der Technik des Rechts. ... Das Wesen der juristischen Persönlichkeit besteht für das bürgerliche Recht darin, dass die an sich nur den natürlichen Personen zustehende Vermögensfähigkeit kraft positiver Satzung einem Personenvereine oder einem Vermögensinbegriffe beigelegt ist“.

In dieser gesetzgeberischen Stellungnahme ist jedenfalls der funktionale Zusammenhang, in dem die Anerkennung juristischer Personen steht, treffend beschrieben worden.

Für die Praxis der Gründer von Gesellschaften (nicht Anstalten oder Stiftungen), die rechtsfähig sein sollten, war der wichtigste „Fortschritt“, dass die Entstehung einer privatrechtlichen Körperschaft als juristische Person in der Regel nicht mehr eine „landesherrliche Genehmigung“, also eine „staatliche Verleihung“ voraussetzte, sondern nur, wenn ein bestimmter gesetzlicher Tatbestand erfüllt wird, die konstitutive Eintragung in ein amtliches Register (so genanntes System der Normativbestimmungen). Dies entsprach einer damals vergleichsweise liberalen rechtspolitischen Grundhaltung.

Mit dem Schritt im Bürgerlichen Gesetzbuch und im Handelsgesetzbuch, das damals noch die Vorschriften zur Aktiengesellschaft und zur Kommanditgesellschaft auf Aktien enthielt, war die bis in die Gegenwart wirkende Entwicklung eingeleitet.

Die Gesellschaft mit beschränkter Haftung hatte schon durch das Gesetz von 1892 (§ 13 Abs. 1 GmbHG) „als solche ... selbständig ihre Rechte und Pflichten“. Für die eingetragene Genossenschaft war bereits zuvor im Gesetz von 1889 die gleiche Formulierung gewählt worden (§ 17 Abs. 1 GenG). Größere Versicherungsvereine auf Gegenseitigkeit erhalten die Eigenschaft, juristische Person zu sein, aufgrund des Versicherungsaufsichtsgesetzes von 1901 durch staatliche Verleihung (§ 15 VAG). Bei der Ausgliederung der Aktiengesellschaft und der Kommanditgesellschaft auf Aktien in ein eigenes Gesetz im Jahre 1937 wurde – wohl erstmals – von einer „Gesellschaft mit eigener Rechtspersönlichkeit“ gesprochen (§ 1 Abs. 1 AktG). Die Europäische Genossenschaft besitzt „Rechtspersönlichkeit“ (Art. 1 Abs. 5 VO (EG)

Nr. 1435/2003). Die europäische Aktiengesellschaft (Societas Europaea: SE) „besitzt Rechtspersönlichkeit“ (Art. 1 Abs. 3 SE-VO (EG) Nr. 2157/2001).

III. Versuche zur Lösung des Problems

An dieser Stelle der Rechtsentwicklung angekommen, war ich mit Blick auf die völlige Verneinung „juristischer Personen“ durch *Ernst Wolf* einigermaßen ratlos. Dies wurde bestärkt durch die Aussagen des weithin sehr geschätzten *Heinrich Dernburg*, der in der 5. Auflage seiner „Pandekten“ im Jahr 1896 folgendes geschrieben hat (Bd. 1, S. 140):

„In der That ist es eine gesellschaftliche Nothwendigkeit, die sich unmittelbar geltend macht und nichts Künstliches hat, daß sich die Vermögensfähigkeit nicht blos an Individuen, sondern nicht minder an sociale Organisationen knüpft. Denn die Vertheilung der Sachgüter unter die Individuen ist zwar eine zweckmäßige, auf höheren Kulturstufen unentbehrliche Form des Gesellschaftslebens. Aber das Individualeigenthum bedarf der Ergänzung seiner Einseitigkeit und einer Ausgleichung seiner Härten. Diese liegt eben darin, dass neben den physischen Personen Personengesammt-heiten, Anstalten, Stiftungen die privatrechtliche Vermögensfähigkeit haben; erst dadurch werden sie fähig, allgemeinen Zwecken dienstbar zu sein.

Die juristischen Personen sind freilich nichts Körperliches, aber keinesweges etwas Unwirkliches; sie sind Vorstellungen, aber um deswillen nicht Fiktionen. Beides ist nicht identisch. Die Fiktion denkt etwas einem Thatbestand hinzu oder von ihm hinweg, was nicht ist, im Widerspruch mit der Realität der Dinge. Die Vorstellung der juristischen Person unterstellt dagegen das Wirkliche einem ihm entsprechenden Begriffe. Der Begriff einer Gemeinde z.B. knüpft sich an Land und Leute, die in einem gewissen Verhältnisse stehen. Diese Vorstellung entspricht der Realität der Dinge. Sie ist kein Erzeugniß der Phantasie, wie man vermeint hat, sondern des Verstandes; sie hat Allgemeingültigkeit“.

Nun würde *Ernst Wolf* das Ersetzen der Fiktion durch eine „Vorstellung“ der juristischen Person, als ein „Erzeugnis ... des Verstandes“, wahrscheinlich nicht gelten lassen. Doch auch er war doch wohl gehalten, eine Lösung des Problems zu suchen. Und so habe ich schließlich in dem schon erwähnten Aufsatz im AcP von 1973 (auf der Seite 120) den folgenden Text gefunden, der im Lehrbuch aber offenbar – soweit ersichtlich – fehlt:

„Da ein Verein hiernach weder eine Person noch rechtsfähig sein kann, können die §§ 21 bis 23 BGB keine solche Rechtswirkung haben. Der Unterschied zwischen den vermeintlichen rechtsfähigen und nicht-rechtsfähigen Vereinen ist nur ein solcher zwischen eingetragenen und nicht-eingetragenen Vereinen. Das schließt nicht aus, [nun kommt ein bemerkenswerter Satz!] daß Rechtswirkungen, die bisher als auf Grund der Rechtsfähigkeit eines Vereins eintretend aufgefaßt wurden, als Wirkungen der Eintragung bestehen bleiben, wenn die Auslegung der §§ 21 bis 23 BGB oder anderer Vorschriften dies ergibt. Das trifft grundsätzlich zu, soweit es sich um Rechtswirkungen handelt, die nach ihrem Inhalt nicht nur in einer einzelnen Person, sondern auch zu Gunsten oder Lasten mehrerer und damit auch einer Gesellschaft eintreten können. Die Anwendung dieses Grundsatzes ergibt, daß ein eingetragener Verein nach § 31 BGB vereinsrechtlich haftpflichtig, nach § 50 Abs. 1 ZPO parteifähig ist. Die Erbfähigkeit eines eingetragenen Vereins folgt aus §§ 1923 Abs. 1, 2101 Abs. 2 BGB, die Konkursfähigkeit aus § 213 KO i.V.m. §§ 21 bis 23 BGB. Für die Grundbuchfähigkeit gilt entsprechendes. Denn daß mehrere Personen zusammen erben (§§ 2032 ff. BGB), Parteien eines Verfahrens sein (§§ 59 ff., 736 ZPO) oder in das Grundbuch eingetragen werden (vgl. § 47 GBO) können, ist möglich. Das kann auch unter einem gemeinsamen Namen geschehen (vgl. §§ 50 Abs. 2, 735 ZPO, 124 HGB). Damit zusammenhängende Rechtswirkungen kann der Gesetzgeber von der Eintragung in das Vereinsregister oder einem anderen staatlichen Akt abhängig machen, ohne dazu der Fiktion einer ‚juristischen Person‘ zu bedürfen“.

Nach *Ernst Wolf* kann der Gesetzgeber also an die Eintragung in ein amtliches Register wie das Vereinsregister oder das Handelsregister für Gesellschaften Rechtswirkungen knüpfen, [ich wiederhole das Zitat:] „die bisher als auf Grund der Rechtsfähigkeit eines Vereins eintretend aufgefasst wurden“. Und weiter: „Das kann auch unter einem gemeinsamen Namen geschehen (vgl. §§ 50 Abs. 2, 735 ZPO, 124 HGB)“. Der Gesetzgeber kann die Rechtswirkungen auch von „einem anderen staatlichen Akt abhängig machen, ohne dazu der Fiktion einer „juristischen Person“ zu bedürfen“. Gemeint ist offensichtlich die staatliche Verleihung (bei wirtschaftlichen Vereinen, § 22 BGB) oder die Anerkennung (bei Stiftungen, § 80 BGB) durch die zuständige Behörde eines Bundeslandes (früher Genehmigung). Hiernach ergibt sich:

Wenn der Gesetzgeber an die Eintragung in ein amtliches Register „oder einen anderen staatlichen Akt“ Rechtswirkungen knüpfen kann, entspricht deren Bündelung nur – so kann man vielleicht sagen – letztlich dem, was man als die Fähigkeit bezeichnen kann, Inhaber von Vermögensrechten zu sein. Dann aber reduziert sich wohl die Rede von der „juristischen Person“ aus der Sicht von *Ernst Wolf* auf eine wegen der Verwendung des Begriffes „Person“ völlig verfehlte Terminologie.

Es ist sicherlich zutreffend, dass die Rechtsfähigkeit eine natürliche Eigenschaft des einzelnen Menschen ist und nur er insoweit als Person zu kennzeichnen ist. Deshalb kann auch nach gegenwärtigem Verständnis kein Gesetzgeber dem einzelnen Menschen, gleichgültig welcher Volks- oder Religionsgemeinschaft er angehört, die Rechtsfähigkeit absprechen. In den geschichtlich bekannten Kulturen war dies nicht immer die gemeinsame Überzeugung im Sinne eines solchen „Menschenbilds“. Die Römer betrachteten Sklaven grundsätzlich als Sachen im Rechtssinne. Noch *Karl Larenz* hat im Jahre 1935 (Rechtsperson und subjektives Recht, Zur Wandlung der Rechtsgrundbegriffe, S. 21) vertreten:

„Nicht als Individuum, als Mensch schlechthin oder als Träger einer abstrakt-allgemeinen Vernunft habe ich Rechte und Pflichten und die Möglichkeit, Rechtsverhältnisse zu gestalten, sondern als Glied einer sich im Recht ihre Lebensform gebenden Gemeinschaft, der Volksgemeinschaft“ und wenige Zeilen später in gesperrtem Druck: „Rechtsgenosse ist nur, wer Volksgenosse ist; Volksgenosse ist, wer deutschen Blutes ist. Dieser Satz könnte an Stelle des die Rechtsfähigkeit ‚jedes Menschen‘ aussprechenden § 1 BGB an die Spitze unserer Rechtsordnung gestellt werden“.

Es gibt zu diesen Äußerungen die überaus lesenswerte Diskussion zwischen *Bernd Rüthers* und *Claus-Wilhelm Canaris* (Juristenzeitung 2011, Hefte 12 und 18; vgl. auch *H.H. Jakobs*, in Myops, Berichte aus der Welt des Rechts, 2012, Heft 14). Man muss zwar bedenken, dass der Begriff „Person“ sich angeblich von den Masken der griechischen Schauspieler ableitet, durch die ihre Stimme als die Stimme der dargestellten Figur ertönte („per-sonare“). Die „Person“ war hier eher eine nur dargestellte, abstrakte Individualität. Erst in der deutschen idealistischen Klassik ist die Person dann zur „Persönlichkeit“ überhöht worden. Im Gesellschaftsrecht kam es erst im Aktiengesetz von 1937 zur Gesellschaft „mit eigener Rechtspersönlichkeit“, was freilich nichts anderes als Vermögensrechtsfähigkeit besagen soll.

Wirklich problematisch ist die Anerkennung „juristischer Personen“ mit dem Inkrafttreten des BGB und HGB meines Erachtens erst dadurch geworden, dass im 20. Jahrhundert alsbald die Mitgliedsfähigkeit von juristischen Personen bei anderen juristischen Personen oder sonstigen Gesellschaften auf begriffsjuristischem Wege ohne Weiteres zugelassen wurde. Es ist bezeichnend, dass *Ernst Wolf* seine Stimme, wie eingangs berichtet, anlässlich der Insolvenz der verschachtelten „Gruppe“ von Gesellschaften des Baulöwen *Schneider* erhoben hat. Das Problem liegt demnach bei der mangelnden Kontrolle der Bildung von Konzernen oder wie es heute heißt „verbundenen Unternehmen“ (vgl. §§ 15 ff. AktG 1965).

In § 1 Abs. 2 GenG von 1889 lautet es noch heute: „Eine Beteiligung an Gesellschaften und sonstigen Personenvereinigungen einschließlich der Körperschaften des öffentlichen Rechts ist zulässig, wenn sie

1. der Förderung des Erwerbes oder der Wirtschaft der Mitglieder der Genossenschaft oder deren sozialer oder kultureller Belange oder,
2. ohne den alleinigen oder überwiegenden Zweck der Genossenschaft zu bilden, gemeinnützigen Bestrebungen der Genossenschaft

zu dienen bestimmt ist“.

Eine solche Begrenzung der Mitgliedsfähigkeit von eingetragenen Genossenschaften hat sich nicht allgemein durchgesetzt und fehlt in aller Regel bei den anderen deutschen Gesellschaftsformen. Im Jahr 1997 hat der Bundesgerichtshof[9] zum Beispiel festgestellt, dass bei einer Kommanditgesellschaft auf Aktien (§§ 278 ff. AktG) der einzige Komplementär auch eine juristische Person sein könne. Dies hat uns etwa die Profi-Abteilung von Borussia Dortmund als börsennotierte KGaA beschert, bei der zunächst der eingetragene Verein (e.V.) der Komplementär war, die inzwischen aber eine GmbH & Co. KGaA ist.

An der Mitgliedsfähigkeit von juristischen Personen in Gesellschaften, die ihrerseits juristische Personen sind, wird nicht gezweifelt. Es wird allenfalls die Problematik der Folgen erörtert. So ist kürzlich ein Sammelband mit dem Titel erschienen: „Der Sanktionsdurchgriff im Unternehmensverbund“,[10] in

---

9 BGHZ 134, 392.

10 Eisele/Koch/Theile (Hrsg.), Der Sanktionsdurchgriff im Unternehmensverbund, 2014.

dem es um die Bußgeldverhängung bei Konzernen geht. Das Thema einer Begrenzung der Mitgliedsfähigkeit von Gesellschaften, insbesondere in Gestalt „juristischer Personen", kann freilich hier nicht vertieft werden.

Halten wir stattdessen ein Fazit fest, mit dem auch *Ernst Wolf* sich möglicherweise einverstanden erklären könnte und wie ich es in der Festschrift für den Mainzer Kollegen *Alfons Kraft* (1998, S. 137, 142 f.) darzulegen versucht habe[11].

Hält man sich die Tatbestände vor Augen, für die kraft gesetzlicher Vorschriften unter bestimmten Voraussetzungen als Rechtsfolge die Fähigkeit einer Gemeinschaft oder eines Sondervermögens eintritt, selbst Träger von Rechten und Pflichten sein zu können, so lässt sich konstatieren, dass diese „Rechtsfähigkeit" durch die konstitutive *Eintragung in ein amtliches Register* oder durch einen bestimmten *Verwaltungsakt* herbeigeführt wird. Es ist dann in der gesetzlichen Überschrift von „juristischen Personen" die Rede. Sowohl bei der gesetzlich vorgesehenen konstitutiven Eintragung in ein amtliches Register als auch bei der staatlichen Verleihung oder Anerkennung der „Rechtsfähigkeit" ist die jeweilige Gemeinschaft oder das Sondervermögen aber nicht etwa deshalb rechtsfähig, weil sie oder es eine „juristische Person" ist. Entscheidend ist vielmehr der *tatbestandsmäßige Vorgang*, durch den die Gemeinschaft oder das Sondervermögen die „Rechtsfähigkeit" erlangt, nämlich entweder eben die konstitutive Eintragung in das jeweilige amtliche Register oder der Verwaltungsakt, das heißt die staatliche Verleihung/Erlaubnis/Anerkennung. Mit dem Terminus „juristische Person" ist mithin nur eine Sammelbezeichnung für die genannten Tatbestände gefunden, bei denen kraft gesetzlicher Vorschriften unter bestimmten Voraussetzungen in der einen oder anderen Weise die Fähigkeit der Gemeinschaft oder des Sondervermögens erlangt wird, in bestimmtem Umfang Träger von Rechten und Pflichten sein zu können. Wichtig ist in diesem Zusammenhang namentlich der Hinweis auf die Stiftung, die als Sondervermögen „juristische Person" sein kann. Der Terminus „juristische Person" bezeichnet demnach gar nicht einen etwa allein gesellschaftsrechtlichen Begriff. Deshalb sind auch mit der Eigenschaft, „juristische Person" zu sein, nicht etwa von selbst bei bestimmten Gesellschaftsformen bestimmte Strukturelemente verbunden. So

---

11 Vgl. auch Hadding, in: Festschrift für Volker Beuthien, 2009, S. 167, 170.

haben Gesellschaften, die als „juristische Personen“ etikettiert werden, nicht durchgängig einen körperschaftlichen Aufbau, dessen Kennzeichen es ist, auf einen fluktuierenden Mitgliederbestand angelegt zu sein. Dieses Merkmal fehlt bei der Gesellschaft mit beschränkter Haftung. Oder umgekehrt: Der nicht eingetragene Verein und die nicht eingetragene Genossenschaft sind körperschaftlich strukturiert, aber keine juristischen Personen.

Der Ausdruck „juristische Person“ besagt also nach herkömmlichem deutschem Zivilrecht nicht mehr als einen terminologischen Hinweis auf zwei gesetzlich vorgesehene Arten des Erlangens der Fähigkeit, Träger von hauptsächlich Vermögensrechten und -pflichten sein zu können, nämlich durch konstitutive Eintragung in ein amtliches Register oder durch Verwaltungsakt. Die gesetzliche Regelung geht aus Gründen der Praktikabilität davon aus, dass unter der Sammelbezeichnung „juristische Personen“ manche Gemeinschaften oder Sondervermögen dahingehend rechtlich zu qualifizieren sind, dass ihnen „als solchen“ mit der möglichen Trägerschaft von vermögensmäßigen Rechten und Rechtspflichten die selbstständige Teilnahme am Rechtsverkehr ermöglicht wird. Die rechtliche Aufgabe besteht sodann darin, das Ausmaß dieser selbstständigen Teilnahme am Rechtsverkehr auf das Notwendige zu begrenzen und gefährlichen Auswirkungen zu begegnen.

In seiner Schrift „Menschliches, Allzumenschliches“ (II Nr. 220) hat *Nietzsche* zu den alten Griechen gesagt: „Sie nahmen jenes Allzumenschliche als unvermeidlich und zogen vor, statt es zu beschimpfen, ihm eine Art Recht zweiten Ranges durch Einordnung in die Bräuche der Gesellschaft und des Kultus zu geben“. Sie beschränken das Allzumenschliche, „nachdem sie genug Vorsichtsmaßregeln erfunden haben, um jenen wilden Gewässern einen möglichst unschädlichen Abfluß geben zu können“.

Solche „Vorsichtsmaßregeln“ fehlen weithin für die heutzutage wohl „unvermeidliche“ juristische Person.

Horst Hammen

Zur Einführung: Ernst Wolf und Karl Larenz – Eine Disputation

Walther Hadding hat in seinem Vortrag über „Die Verneinung der ‚juristischen Person' in Ernst Wolfs Realer Rechtslehre" eindrücklich auf die von Karl Larenz im Jahre 1935 vorgetragene, zutiefst anstößige Lehre hingewiesen, der Mensch sei nur als Glied der Volksgemeinschaft Träger von Rechten.[1] Das führt uns zu dem Vortrag von Burkhard Wilk über „Die Reale Rechtslehre Ernst Wolfs – Rechtlicher Personalismus statt ethischem Personalismus", in dessen Mittelpunkt eine Auseinandersetzung mit dem ethischen Personalismus, insbesondere demjenigen von Karl Larenz stehen wird und den ich mit der Schilderung einer Begebenheit vom Beginn der 1980er Jahre einleiten möchte:

Ernst Wolf hatte sich geärgert. Nun schon in der 5. Auflage 1980 seines Lehrbuchs „Allgemeiner Teil des deutschen Bürgerlichen Rechts"[2] hatte sich nämlich Karl Larenz ablehnend zu der von Ernst Wolf vorgetragenen Lehre geäußert, die Rechtsfähigkeit des Menschen beginne abweichend von § 1 BGB mit der Zeugung.[3] Und wenn sich Ernst Wolf richtig ärgerte, wurde der wissenschaftliche Kontrahent zu einer öffentlichen Disputation aufgefordert. Anders als manch anderer[4] nahm Larenz die Herausforderung an.

---

1 Gegen die kollektivistische Verneinung des Menschen als Person durch die nationalsozialistische Rechtsideologie mit allem Nachdruck Ernst Wolf, Allgemeiner Teil des bürgerlichen Rechts, 3. Aufl. 1982, § 3 A., S. 176 Fn. 7; ders., Das Erbrecht des ungeborenen Kindes, in: Festschrift zum 90. Geburtstag von Ulrich von Lübtow, hrsg. von Klaus Slapnicar, 1991, S. 195, 202.

2 § 5 II., S. 79 gegen Ernst Wolf, Allgemeiner Teil des bürgerlichen Rechts, 2. Aufl. 1976, § 3 B., S. 141, 145 ff.; vgl. schon die 1. Aufl. 1967, § 11 II., S. 133 gegen Ernst Wolf/Naujocks, Anfang und Ende der Rechtsfähigkeit des Menschen, 1955, S. 83 ff.; ab der 3. Aufl. 1975, § 5 II., S. 68 auch gegen Ernst Wolf, Allgemeiner Teil des bürgerlichen Rechts, 1. Aufl. 1973, § 3 B., S. 141, 145 ff.

3 Ernst Wolf, Allgemeiner Teil des bürgerlichen Rechts, 3. Aufl., § 3 B. II., S. 183.

4 Auf die Weigerung v. Hoyningen-Huenes, seine an Ernst Wolfs Lehrbuch „Allgemeiner Teil des bürgerlichen Rechts" geübte Kritik (JuS 1979, S. 679) in einer öffentlichen Disputation zu verteidigen, hat Ernst Wolf mit einem offenen

Freilich wollte er aus Gründen, die ich nicht kenne, nicht über Person[5] und Rechtsfähigkeit disputieren. Deshalb kam es in München unter der Leitung von Claus-Wilhelm Canaris zu einem Streitgespräch über das allgemeine

---

Brief vom 18.10.1979 reagiert, in dem er von Hoyningen-Huene fehlende Verantwortung gegenüber der Rechtswissenschaft, dem Recht und den Studenten vorgeworfen hat. Vgl. ferner Ernst Wolf, Antikritik zur Rezension der Lehrbücher von Ernst Wolf, JuS 1980, 392.

5 Zur Bedeutung des Begriffs der Person in seiner rechtshistorischen Entwicklung vgl. nur Auer, Der privatrechtliche Diskurs der Moderne, 2014, S. 15 ff.; ferner Windel, Ist der Mensch eine „juristische" Person?, in: Festschrift für Jan Schapp zum siebzigsten Geburtstag, hrsg. von Patrick Gödicke, Horst Hammen, Wolfgang Schur, Wolf-Dietrich Walker, 2010, S. 537 ff. – Zu dem anschließend abgedruckten Vortrag von Burkhard Wilk habe ich folgenden Diskussionsbeitrag geliefert: Besieht man das Thema, das Burkhard Wilk angeschnitten hat, kann ein interessanter Umstand beobachtet werden: Die große Zahl tiefschürfender juristischer Abhandlungen zum Begriff der Person verhält sich, wenn man die „juristischen Personen" in der Überschrift vor § 21 BGB als einen Irrweg ausblendet, umgekehrt proportional zur Häufigkeit der Erwähnung dieses Begriffs im Bürgerlichen Gesetzbuch. Sieht man einmal von Paragraphen ab, in denen es aus eher stilistischen Gründen statt „Mensch" „Person" heißt (vgl. §§ 131, 132, 135, 831, 832, 842 BGB, aber auch §§ 833, 836 BGB: „Mensch"; die Sorge für die „Person" des Kindes in §§ 11, 1626 BGB ist lediglich das nichtvermögensrechtliche Gegenstück zu der ebenfalls in § 1626 BGB angesprochenen Vermögenssorge) und schiebt man dann noch die Bestimmungen in §§ 13, 14 BGB über Verbraucher und Unternehmer beiseite, mit denen das BGB vor 14 Jahren kontaminiert worden ist, bleibt nur eine einzige prominente Stelle übrig, in welcher der Begriff der Person auftaucht: Die Überschriften vor § 1 BGB. Deren Bedeutung wird dann freilich gleich wieder relativiert, weil die für das gesamte Recht grundlegende Vorschrift in § 1 BGB nicht von der Person, sondern vom *Menschen* und seiner Rechtsfähigkeit spricht. Und ganz ähnlich verhält es sich mit dem Grundgesetz. Art. 1 GG, die Bestimmung über den „höchsten Verfassungswert" (BVerfGE 109, 279, 311), handelt nicht von der Würde der Person sondern von der Würde des Menschen. In seiner letzten Schrift, in der er seine Reale Rechtslehre propagiert hat, hat Ernst Wolf definiert: „Ein Mensch ist ... ein Lebewesen mit der Wesensanlage zu handeln" und dann in Klammern hinzugefügt: „(Person)" (Ernst Wolf/Gerhard Wolf, Rechtsphilosophie – ein Irrtum, 2002, S. 95). Hiernach sind Mensch und Person synonym (vgl. Ernst Wolf, Allgemeiner Teil des bürgerlichen Rechts, 3. Aufl. 1982, § 3 A., S. 177: Die Bezeichnung Person drücke das Artmerkmal aus). Das führt mich zu der Frage: Könnte der Jurist nicht und vor allem könnte nicht auch Ernst Wolf auf den Begriff der Person verzichten? Es geht um den Menschen und seine Freiheit. Das genügt.

Persönlichkeitsrecht. Schon bald stellte sich heraus, dass sich Ernst Wolf und Karl Larenz – wenngleich mit unterschiedlicher Begründung[6] – in der grundsätzlichen Ablehnung dieses Rechts einig waren. Während aber Ernst Wolf bei seiner fundamentalen Kritik des allgemeinen Persönlichkeitsrechts[7] blieb, meinte Larenz, nachdem die Rechtsprechung dieses Recht nun einmal durch Rechtsfortbildung gesetzesübersteigender Art geschaffen habe, habe seine Konkretisierung durch die Gerichte das allgemeine Persönlichkeitsrecht durchaus praktikabel gemacht. Diese Erwiderung führte zu einer Diskussion über konkrete Begriffe bei Hegel, über die Konkretisierung von „Begriffen mit unscharfen Rändern" durch den Richter und über Analogie und Richterrecht, an deren Ende Canaris resümierte, die Positionen hätten sich angenähert.

Unter denjenigen, die Ernst Wolf seinerzeit nach München begleitet haben, war auch sein damaliger Assistent Burkhard Wilk. Burkhard Wilk ist über die Lehren Ernst Wolfs bestens unterrichtet. Schon als Student und als Leiter von Arbeitsgemeinschaften zu Wolfs Vorlesungen über Rechtsontologie und dann auch während seiner dreijährigen Assistentenzeit hat er Ernst Wolf bei der Abfassung mehrerer Werke und Abhandlungen geholfen. Und erst vor vier Jahren hat er sich mit der realen Wissenschaftslehre Ernst Wolfs noch einmal gründlich auseinandergesetzt.[8] Deshalb wird sein Vortrag denjenigen von Walther Hadding über die juristischen Personen bestens ergänzen.

---

6 Noch nicht in der 5. Aufl. seines Lehrbuchs zum Allgemeinen Teil des deutschen bürgerlichen Rechts (1980) (§ 8 II., S. 112), wohl aber in späteren Auflagen (vgl. die 7. Aufl. 1989, § 8 II, S. 128) kritisierte Larenz den generalklauselartigen Charakter dieses Rechts, der nur schwer in die Systematik von § 823 Abs. 1 BGB passe, wandte sich aber auch gegen die Lehre Ernst Wolfs (Allgemeiner Teil des bürgerlichen Rechts, 3. Aufl. 1982, § 2 D., S. 144 ff.), es gebe mehrere auf die Persönlichkeit des Menschen bezogene absolute Rechte mit verschiedenen Rechtsgegenständen (§ 8 II., S. 129 Fn. 14).

7 Allgemeiner Teil des bürgerlichen Rechts, 3. Aufl. 1982, § 2 D., S. 141 ff.; Lehrbuch des Schuldrechts, Zweiter Band: Besonderer Teil, 1978, § 20 B., S. 520 ff.

8 Wilk, Die politische Idee der Integration, 2011.

Burkhard Wilk

Die Reale Rechtslehre Ernst Wolfs – Rechtlicher Personalismus statt ethischem Personalismus

I. Einführung und Fragestellung

Ernst Wolfs Reale Rechtslehre basiert auf der Erkenntnis, dass das Recht die Gesamtheit aller rechtlichen Verhältnisse ist.[1] Rechtliche Verhältnisse seien Ordnungsverhältnisse zwischen handelnden Menschen, die sich dadurch auszeichneten, dass sich der Mensch gegenüber einem, mehreren oder allen anderen Menschen dem Wesen des Menschen als Person gemäß verhalte,[2] sei es, dass er von einer ihm zustehenden Entscheidungsmöglichkeit Gebrauch mache oder die dem anderen zustehende Entscheidungsmöglichkeit nicht beeinträchtige. Wer sich in dieser Weise personhaft ordnungsgemäß[3] verhält, handelt nach Wolf rechtmäßig. Unrechtmäßig verhalte sich dagegen derjenige, der dem anderen diesem zustehende Entscheidungsmöglichkeiten

---

1 *Ernst Wolf*, Die Reale Rechtslehre und ihre Grundlagen, in: Ernst Wolf/Gerhard Wolf, Rechtsphilosophie – ein Irrweg!, Marburg/Lahn 2002, S. 99. Siehe auch *Ernst Wolf*, Allgemeiner Teil des bürgerlichen Rechts 3. Aufl., Köln u.a. 1982, § 1 A II a, S. 1: „Ein rechtliches Verhältnis ist ein personhaftes Ordnungsverhältnis zwischen Menschen. ... Das Wort Recht ist eine Sammelbezeichnung für Ordnungsverhältnisse zwischen Menschen, die inhaltlich dem Wesen des Menschen als Person entsprechen, also personhafte Ordnungsverhältnisse sind." *Ernst Wolf*, Allgemeiner Teil § 1 A, II, b, S. 9 führt weiter aus, dass „ein personenhaftes Ordnungsverhältnis den Inhalt hat, zu bedingen, dass es einem Beteiligten objektiv möglich ist, personhaft zu existieren, soweit der andere sich dem personhaften Ordnungsverhältnis gemäß verhält." Zum Begriff Ordnungsverhältnis vgl. *Ernst Wolf*, Die Reale Rechtslehre und ihre Grundlagen, S. 94. Zur Realen Rechtslehre vgl. auch *Horst Hammen*, Die Reale Rechtslehre Ernst Wolfs, in: Festschrift für Jan Schapp, Tübingen 2010, S. 231 ff.

2 *Ernst Wolf*, Die Reale Rechtslehre und ihre Grundlagen [Fn. 1] S. 99.

3 *Ernst Wolf*, Die Reale Rechtslehre und ihre Grundlagen [Fn. 1] S. 99: „Dem Wesen des Menschen als Person gemäß" bedeutet „personhaft ordnungsgemäß".

entziehe und damit dessen Möglichkeiten als Person zu existieren beeinträchtige.[4]

Mit seiner Lehre von den realen rechtlichen Verhältnissen als personhaften Ordnungsverhältnissen stritt Wolf gegen die von Karl Larenz vertretene Lehre vom ethischen Personalismus.[5] Für Larenz ist der ethische Personalismus die auf Kant und Hegel zurückgehende philosophische Grundlegung des Rechts überhaupt.[6] Nach dem ethischen Personalismus soll „das Recht eines jeden auf Achtung seiner Person untrennbar verknüpft sein" „mit der Pflicht eines jeden, alle anderen als Person zu achten."[7] Wörtlich heißt es hierzu bei Kant: „Ein jeder Mensch hat rechtmäßigen Anspruch auf Achtung von seinen Nebenmenschen, und *wechselseitig* ist er dazu auch gegen jeden anderen verbunden."[8] Für Hegel lautet das Rechtsgebot: „Sei eine Person und respektiere die anderen als Personen".[9] In diesem wechselseitigen Achtungsanspruch sieht Karl Larenz als einer der Protagonisten der herrschenden Wertungsjurisprudenz „die Grundlage allen Zusammenlebens in einer Rechtsgemeinschaft und jedes einzelnen Rechtsverhältnisses",[10] ja die Grundlage des Richtigen Rechts.[11] Larenz definiert dementsprechend das

---

4 *Ernst Wolf*, Allgemeiner Teil [Fn. 1] § 1, A, II, S. 9.

5 *Ernst Wolf*, Allgemeiner Teil [Fn. 1] § 1 A V b, S. 19 f.

6 Vgl. *Ilka Kauhausen*, Nach der „Stunde Null", Prinzipiendiskussionen im Privatrecht nach 1945, Tübingen 2007, S. 112.

7 *Karl Larenz* (Allgemeiner Teil des deutschen Bürgerlichen Rechts, 2. Aufl., München 1972, § 2 I, S. 28) meint, dass der ethische Personalismus die geistige Grundlage des BGB sei. Hiergegen zu Recht *Ernst Wolf*, Allgemeiner Teil [Fn. 1] § 1 A V b, S. 20.

8 *Immanuel Kant*, Die Metaphysik der Sitten, herausgegeben von Hans Ebeling, Stuttgart 1990, 2. Teil, § 38: „Die Menschheit selbst ist eine Würde; denn der Mensch kann von keinem Menschen(...) bloß als Mittel, sondern muss jederzeit zugleich als Zweck gebraucht werden, und darin besteht eben seine Würde (die Persönlichkeit)."

9 *Georg Wilhelm Friedrich Hegel*, Grundlinien der Philosophie des Rechts, Herausgegeben und eingeleitet von Helmut Reichelt, Frankfurt/M u.a. 1972, § 36: „Die Persönlichkeit enthält überhaupt die Rechtsfähigkeit und macht den Begriff und die selbst abstrakte Grundlage des abstrakten und daher formellen Rechts aus."

10 *Larenz*, Allgemeiner Teil [Fn. 7] § 2 I, S. 29.

11 Vgl. hierzu *Karl Larenz*, Methodenlehre der Rechtswissenschaften, 6. Aufl., Berlin u.a. 1991, S. 456; vgl. hierzu auch Kauhausen, Nach der „Stunde Null" [Fn. 6] S. 114.

„rechtliche Grundverhältnis“ als „ein Verhältnis wechselseitiger Achtung, die jeder jedem“ schulde „und jeder von jedem verlangen“ könne.[12]

Wenn man diese Kernsätze zum ethischen Personalismus mit dem Begriff Recht bei Ernst Wolf vergleicht, fällt es auf den ersten Blick schwer zu begreifen, warum Wolf die herrschende Meinung so vehement kritisierte und zwischen beiden Theorien ein derart großer Graben aufgemacht wurde.[13] Auch die Lehre Wolfs, die – wie ich es nenne – einen rechtlichen Personalismus abbildet, beschreibt das personhafte Existieren der Menschen in der wechselseitigen Beachtung von Entscheidungs- und Handlungszuständigkeiten. Sich anderen Menschen gegenüber rechtmäßig zu verhalten, ist auch nach Wolf die Bedingung jedes personhaften Existierens und Zusammenlebens von Menschen.[14]

Die spannenden Fragen, denen in diesem Beitrag nachgegangen werden sollen, lauten deshalb: „Was macht den Unterschied“? Und: Warum ist der Unterschied von nicht unerheblicher Bedeutung?

II. Das reale Naturrecht Wolfs – Die Lehre von den realen und natürlichen Menschenrechten

Ausgangspunkt der Realen Rechtslehre Ernst Wolfs ist die Lehre von den natürlichen rechtlichen Verhältnissen. Hierbei handelt es sich um ein reales Naturrecht, welches sich an der realen Natur des Menschen orientiert.

Ein Mensch ist nach Wolf ein reales „seiner Art nach aufrecht gehendes säugetierisches Lebewesen mit der Wesensanlage zu handeln“.[15] Gegenstand der Wolfschen Anthropologie sind somit alle zur Natur gehörenden organischen Fähigkeiten. Diese umfassen – und das ist in Abgrenzung zu anderen rein naturalistischen Menschenbildern[16] wichtig – auch die Gehirntätigkeiten

12 *Larenz*, Allgemeiner Teil [Fn. 7] § 2 I, S. 29. Die wesentlichen Elemente dieses rechtlichen Grundverhältnisses sollen nach Larenz (Allgemeiner Teil § 2 I, S. 29) das Recht (das berechtigte Verlangen) und die Pflicht, sowie die Wechselseitigkeit der Rechte und Pflichten im Verhältnis der Personen zueinander sein.

13 Vgl. *Ernst Wolf*, Allgemeiner Teil [Fn. 1] § 1, C, S. 74 ff.

14 *Ernst Wolf*, Allgemeiner Teil [Fn. 1] § 1 A II b, S. 9.

15 *Ernst Wolf*, Die Reale Rechtslehre und ihre Grundlagen [Fn. 1] S. 95.

16 Vgl. zu den verschiedenen Menschenbildern *Julian Nida-Rümelin*, Humanismus (Vorwort zum de Gruyter – Band „Was ist der Mensch“, Bd. 3 der Reihe

einschließlich der mentalen Zustände und seelischen Tätigkeiten. Aufgrund der Wesensanlage zu handeln ist der Mensch zugleich Person.[17]

Wolfs Lehre vom Menschen beruht erkenntnistheoretisch auf seiner Ontologie von den realen Existenzen,[18] die eine große Nähe zu der ältesten Form der Ontologie, dem Tatsachenrealismus hat, der heute wiederum zum Programm eines Neuen Realismus zählt.[19] Auch Wolfs Ontologie basiert auf der Erkenntnis, dass die Welt eine Gesamtheit von realen Existenzen ist,[20] die unabhängig von unserem Bewusstsein und Denken bestehen und von deren realen Existenz die Wahrheit unserer Aussagen abhängt.[21]

Nach Wolfs Lehre von den realen Menschen hat jeder Mensch eine natürliche Anlage zur Entschließungsfähigkeit.[22] In der natürlichen und erfahrbaren realen Existenz des Menschen als Lebewesen und dessen natürlichen Entscheidungszuständigkeiten sind die natürlichen Rechte jedes einzelnen Menschen begründet. Für Wolf existiert das Recht damit real und nicht als Teil einer subjektiven, intersubjektiven oder gar „künstlichen" Gedankenwelt.[23]

Ernst Wolf hat – soweit ersichtlich – nicht ausdrücklich definiert, was er unter einem Menschenrecht versteht. Aus dem Begriff des Rechts ist allerdings zu entnehmen, dass das Menschenrecht dem Wesen des Menschen als Person entsprechen muss.[24] Der Begriff des Menschenrechts kann aus meiner Sicht deshalb nur die natürliche Zuständigkeit des Menschen bezeichnen,

---

Humanprojekt-Beiträge zu einer interdisziplinären Anthropologie): Humanismus _BBAW_Humanprojekt_2008[1]pdf-Adobe Reader.

17 *Ernst Wolf*, Die Reale Rechtslehre und ihre Grundlagen [Fn. 1] S. 95, 99; *Ernst Wolf*, Allgemeiner Teil [Fn. 1] § 1, A, II, b, S. 5.

18 *Ernst Wolf*, Die Reale Rechtslehre und ihre Grundlagen [Fn. 1] S. 91 ff.; *Ernst Wolf*, Allgemeiner Teil [Fn. 1] § 1 A II a, S. 1 ff.

19 Vgl. *Martin Seel*, Eine Nachhut möchte Vorhut sein in: DIE ZEIT vom 03.07.2014, S. 46.

20 *Ernst Wolf*, Die Reale Rechtslehre und ihre Grundlagen [Fn. 1] S. 94.

21 Vgl. *Seel*, Eine Nachhut möchte Vorhut sein [Fn. 19] S. 46.

22 *Ernst Wolf*, Allgemeiner Teil [Fn. 1] § 1, A, II, b, S. 5.

23 *Horst Dreier*, Die Natürlichkeit des Menschen und die Künstlichkeit des Rechts, in: Hans Michael Baumgartner/Winfried Böhm/Martin Lindauer (Hrsg.), Streitsache Mensch – Zur Auseinandersetzung zwischen Natur- und Geisteswissenschaften, Stuttgart 1999, S. 281 ff.

24 *Ernst Wolf*, Die Reale Rechtslehre und ihre Grundlagen [Fn. 1] S. 99.

über das eigene personhafte Existieren in jedweder Hinsicht selbst zu entscheiden einschließlich der natürlichen Zuständigkeit, Einwirkungen anderer auf dieses eigene personhafte Existieren auszuschließen.[25] Indem der Mensch von den ihm zustehenden Entscheidungsmöglichkeiten Gebrauch macht, verhält er sich seinem Menschenrecht gemäß. Bedingung für die Ausübung dieses Menschenrechts als rechtliches Verhältnis ist allerdings nicht nur, dass er andere von Eingriffen auf sein Menschenrecht ausschließen kann, sondern auch, dass es von anderen beachtet wird. Insoweit korrespondiert das Menschenrecht mit der Menschenpflicht[26] eines jeden anderen, sich personhaft ordnungsgemäß zu verhalten, d.h. das Menschenrecht des anderen nicht zu verletzen, andernfalls er sich menschenrechts- wie menschenpflichtwidrig verhalten würde.

Die Menschenrechte sind nach Wolf mit dem natürlichen Existieren des Menschen untrennbar verknüpft.[27] Menschenrechte existieren unabhängig von unserem Bewusstsein, d.h. real und sind deshalb auch nicht nur das Produkt vermeintlich „realer" Triebe, Bedürfnisse oder Interessen.[28] Dementsprechend sind Menschenrechte auch nicht durch Bedürfnisse und Interessen anderer änderbar oder aufhebbar. Menschenrechte werden insbesondere nicht erst dann zu Rechten, wenn der Staat sie schützt und den Verstoß gegen

---

25 *Burkhard Wilk*, Die politische Idee der Integration, Berlin 2013, S. 85. Das Menschenrecht ist ein subjektives Recht (vgl. hierzu *Ernst Wolf*, Allgemeiner Teil [Fn. 1] § 2 B II a, S. 106 ff.).

26 Der Begriff der Menschenpflicht wurde auch in der „Allgemeinen Erklärung der Menschenpflichten" des InterActionCouncil aus dem Jahr 1997 verwandt. Vgl. hierzu www.humanistische-aktion.de/mpflicht.htm.

27 *Ernst Wolf*, Allgemeiner Teil [Fn. 1] § 1 A III, S. 10.

28 Reales Recht im Wolfschen Sinne folgt nicht aus der vermeintlichen „Realität" aufeinanderprallender subjektiver Interessen. Im Recht geht es vielmehr um die Abgrenzung wechselseitiger Zuständigkeiten und deren wechselseitigen Beachtung. Die Realität des Rechts folgt dabei aus der Realität jedes einzelnen natürlichen Menschenrechts.

sie sanktioniert.[29] Sie sind vielmehr selbst die Grundlage des Staates und der von diesem hergestellten Gesetze.[30]

Die realen Menschenrechte und die dadurch bedingten realen Menschenpflichten aller Menschen begründen das reale Naturrecht Wolfs. Die Naturrechtslehre Wolfs beruht dabei auf einem Naturbegriff des Menschen, der sich an der Naturwissenschaft orientiert und völlig wert- und erwartungsfrei ist. Das Naturrecht Wolfs folgt keiner „vorgegebenen Richtigkeit".[31] Darin unterscheidet sich die Naturrechtslehre Wolfs von allen christlichen, idealistischen, voluntaristischen oder rationalistischen Naturrechtslehren. Soweit auch in diesen Lehren immer wieder die Rede davon ist, dass das Recht des Menschen in dessen Natur gegründet sei,[32] beruhte dies entweder auf einem idealisierten Verständnis von der Natur des Menschen oder man sah – wie in den neuzeitlichen Naturrechtslehren – den Ursprung des natürlichen Rechts in „natürlichen" Triebhaftigkeiten oder Bedürfnislagen der Menschen, wie dem menschlichen Geselligkeitstrieb (Hugo Grotius), dem Begehren nach Macht und Besitz einerseits und der wechselseitigen Furcht andererseits (Thomas Hobbes), dem Bedürfnis nach gegenseitiger Hilfe und Ergänzung (Samuel Pufendorf)[33] oder einem Vervollkommnungsdrang (Christian Wolff).[34]

---

29 So aber wohl *Larenz*, Allgemeiner Teil [Fn. 1] § 2 II, S. 31: „Das Gesagte darf nicht dahin mißverstanden werden, als ob jede moralische Pflicht auch schon eine Rechtspflicht sei. Sie ist eine Rechtspflicht nur, wenn sie in die Rechtsordnung aufgenommen ist, und sie wird in der Rechtsordnung nur aufgenommen, wenn sie das äußere Verhalten der Menschen in ihrem Zusammenleben betrifft und daher mit einer Sanktion verbunden werden *kann*".

30 *Ernst Wolf*, Allgemeiner Teil [Fn. 1] Vorwort zur 2. Aufl. 1976, S. IX: „Die Menschenrechte als natürliche unveräußerliche Rechte eines jeden Menschen sind die Grundlage aller anderen rechtlichen Verhältnisse." Siehe auch *Ernst Wolf*, Das Recht zur Aussperrung, München 1981, S. 97.

31 Vgl. hierzu *Johann Braun*, Einführung in die Rechtswissenschaft, 3. Aufl. Tübingen 2007, S. 46.

32 *Christoph Menke/Arnd Pollmann*, Philosophie der Menschenrechte zur Einführung, Hamburg 2007, S. 100.

33 *Reinhold Zippelius*, Geschichte der Staatsideen, 10. Aufl. München 2003, S. 125.

34 *Zippelius*, Geschichte der Staatsideen [Fn. 33] S. 138 f.

III. Die Grundlagen des ethischen Personalismus

Mit seiner Theorie vom realen Menschen und dessen realen natürlichen Rechten unterscheidet sich Ernst Wolfs Lehre grundlegend von dem idealistisch geprägten ethischen Personalismus. Dessen Theorieansatz beruht nicht auf der empirisch wahrnehmbaren realen biologischen Person des Menschen, einem bloßen Menschsein,[35] sondern auf der gedanklichen Konstruktion eines idealen sittlichen Menschen.[36]

Kant war es, der 1798 in seinem Werk „Anthropologie in pragmatischer Hinsicht" die empirische Psychologie aus ihrer ursprünglichen metaphysischen Umgebung heraus löste.[37] Ihm ging es bei seiner Lehre von der Kenntnis der Menschen nicht nur um die physiologische Betrachtung, die sich damit beschäftige, was die Natur aus dem Menschen mache.[38] Die Idee einer pragmatischen Anthropologie zielte nach Kant vielmehr auf das, was der Mensch „als frei handelndes Wesen aus sich selbst macht, oder machen kann und soll".[39]

Nach Kant gehört der Mensch als Naturwesen dem Reich der Erscheinungen an.[40] Er übersteige sich jedoch selbst als Naturwesen, indem er

---

35 Vgl. hierzu *Menke*/Pollmann, Philosophie der Menschenrechte [Fn. 32] S. 89.

36 Vgl. *Otfried Höffe*, Gerechtigkeit, Eine philosophische Einführung, 3. Aufl., München 2007, S. 70. Vgl. auch *Friedrich Schiller*, Über die ästhetische Erziehung des Menschen in einer Reihe von Briefen, Vierter Brief, abgedruckt in: Rüdiger Safranski (Hrsg.) Schiller als Philosoph, Berlin 2005, S. 171 f. „Jeder individuelle Mensch, kann man sagen, trägt, der Anlage und Bestimmung nach, einen reinen idealistischen Menschen in sich, mit dessen unveränderlicher Einheit in all seinen Abwechslungen übereinzustimmen die große Aufgabe seines Daseins ist. Dieser reine Mensch, der sich, mehr oder weniger deutlich in jedem Subjekt zu erkennen gibt, wird repräsentiert durch den Staat (...) entweder dadurch, daß der reine Mensch den empirischen unterdrückt, dass der Staat die Individuen aufhebt; oder dadurch, dass das Individuum Staat wird, dass der Mensch in der Zeit zum Menschen in der Idee sich veredelt."

37 *Kindlers* Neues Literaturlexikon, München 1998, herausgegeben von Walter Jens, Bd. 9, S. 123.

38 *Immanuel Kant*, Anthropologie in pragmatischer Hinsicht, herausgegeben und eingeleitet von Wolfgang Becker, Stuttgart 1983, Vorrede, S. 29; Kindlers Neues Literaturlexikon [Fn. 37] S. 123.

39 *Kant*, Anthropologie in pragmatischer Hinsicht [Fn. 38] Vorrede, S. 29.

40 *Rüdiger Safranski*, Schopenhauer und die wilden Jahre der Philosophie, 4. Aufl., Frankfurt am Main 2006, S. 176.

etwas tue, wozu ihn keine Notwendigkeit, dafür aber die Stimme des Gewissens zwinge; insoweit handele er unbedingt.[41] Wenn der Mensch sich für ein bestimmtes Sollen entscheide und dieses Sollen die Kraft habe, ein Wollen hervorzubringen, dann triumphiert nach Kant im Menschen das „Ding an sich“, welches Kant mit dem sittlichen Wesen in eins setzt.[42]

Diese Beschreibung des sittlichen Wesens als „Ding an sich“ lässt den idealistischen Ansatz Kants deutlich werden. Für Kant ist unter einem Idealisten nämlich keinesfalls nur derjenige zu verstehen, der das Dasein äußerer Gegenstände gänzlich leugne,[43] sondern auch derjenige, der sich gegen die Behauptung wende, dass die Wirklichkeit äußerer Gegenstände durch unmittelbare Wahrnehmung beweisbar sei.[44] Oder anders ausgedrückt: Dem Idealismus Kants geht es darum, das erkenntnistheoretisch begrenzt Wahrnehmbare zu übersteigen, um so das dahinter liegende wahrhaft Wirkliche zu erkennen.[45]

Mit der Annahme einer sittlichen Person als der „wahrhaften Person“[46] war der philosophisch-konstruktive Grundstein für den ethischen Personalismus gelegt. Nicht der real biologische Mensch sondern nur der sittlich gute Mensch, der in der Lage ist, moralische Sollenssätze zu erkennen und danach zu handeln,[47] ist Beteiligter des „rechtlichen Grundverhältnisses“.

---

41 *Safranski*, Schopenhauer [Fn. 40] S. 176.

42 *Safranski*, Schopenhauer [Fn. 40] S. 176.

43 *Immanuel Kant*, Kritik der reinen Vernunft, Herausgegeben von Ingeborg Heidemann, Stuttgart 1966, S. 535. Vgl. hierzu *Franz M. Wuketis*, Darwin und der Darwinismus, München 2005, S. 91: Dem Idealismus zufolge „sind geistige Phänomene eine eigenständige Daseinsform, menschliches Erkennen und Denken gewissermaßen abgekoppelt von der realen Außenwelt. Der subjektive Idealismus geht so weit zu behaupten, daß die ganze Welt praktisch nur im Bewußtsein des Menschen existiert.“

44 *Immanuel Kant*, Kritik der reinen Vernunft [Fn. 43] S. 102.

45 *Seel*, Eine Nachhut möchte Vorhut sein [Fn. 19] S. 46 nennt dies „das Wahrzeichen des Wirklichen.“ Vgl. auch Philosophisches Wörterbuch, herausgegeben von Georgi Schischkoff, 22. Aufl., Stuttgart 1991, unter Idee: „Eine Idee ist nichts anderes als ein Begriff von der Vollkommenheit, die sich in der Erfahrung noch nicht findet.“

46 Vgl. hierzu *Menke/Pollmann*, Philosophie der Menschenrechte [Fn. 32] S. 88.

47 *Larenz*, Allgemeiner Teil [Fn. 7] § 2 I, S. 29, 31; Lexikon der Ethik, Herausgegeben von *Otfried Höffe* u.a. 7. Aufl. München 2008 unter Person. Vgl. auch *Julian Nida – Rümelin*, Humanismus (Vorwort zum de Gruyter – Band „Was

Das erkennbare reale natürliche Recht als solches reicht den Vertretern der idealistischen Rechtsphilosophie nicht aus; sie wollen die „Rück-Seite aller unserer Vorstellungen“[48], nämlich das Unbekannte[49] sehen, d.h. die Idee des Rechts, die paradoxerweise allerdings erst noch subjektiv erzeugt werden muss.[50]

Aus diesem Grunde verwundert es auch nicht, dass das Recht mit der Idee des Rechts und diese wiederum mit „Gerechtigkeit“ identifiziert wird.[51] Bei dem „rechtlichen Grundverhältnis“ handelt es sich in Wahrheit nicht um ein rechtliches sondern um ein moralisches Grundverhältnis. Menschenrechte als ethische Rechte zu begreifen,[52] war insoweit nur konsequent.

---

ist der Mensch“, Bd. 3 der Reihe Humanprojekt-Beiträge zu einer interdisziplinären Anthropologie): Humanismus_BBAW_Humanprojekt_2008[1]pdf-Adobe Reader.

48 *Safranski*, Schopenhauer [Fn. 40] S. 174.

49 *Safranski*, Schopenhauer [Fn. 40] S. 171: „Diesem Unbekannten“ habe er (s. c. Kant) „einen eher trolligen Namen gegeben. Das >Ding an sich<.“

50 *Safranski*, Schopenhauer [Fn. 40] S. 171. Weil es beim Recht um ein Sollen gehen soll, galt für Kant dementsprechend richtiges Recht bzw. die Idee des Rechts kraft der Vernunft a priori und zwar ohne jeglichen Zusammenhang zur empirischen Welt (*Karl-Ludwig Kunz/Martino Mona*, Rechtsphilosophie, Rechtstheorie, Rechtssoziologie, 1. Aufl., Bern u.a. 2006, 4.1.2.2, Rn. 115, S. 81). Eine Anthropologie, die sich auf die physische Welt des Seins bezog, hatte für ihn keinen rechtlichen Verpflichtungsgrund (*Kunz/Mona*, Rechtsphilosophie, Rechtstheorie, Rechtssoziologie [Fn. 50] 4.1.2.2, Rn. 114, S. 80).

51 Vgl. hierzu auch *Kunz/Mona*, Rechtsphilosophie, Rechtstheorie, Rechtssoziologie [Fn. 50] 4.1.2.2, Rn. 111, S. 79.

52 *Menke/Pollmann*, Philosophie der Menschenrechte zur Einführung [Fn. 32] S. 27: „Der Begriff Moral bezeichnet in dieser Verwendung Regeln, die den wechselseitigen Umgang aller Menschen miteinander betreffen. Moral heißt hier Universalmoral. Und näherhin: eine universale Moral „gleicher Achtung“. Die Regeln der Moral besagen, dass jeder Mensch jeden anderen Menschen als Gleichen achten soll (…). Die moralische Pflicht zu gleicher Achtung eines jeden und das moralische Recht auf gleiche Achtung durch jeden sind nur zwei Seiten desselben moralischen Anerkennungsverhältnisses.“ Vgl. hierzu auch *Eric Hilgendorf*, Recht, dtv-Atlas Recht, Band 1, 2. Aufl. München 2007, S. 111; *Jürgen Habermas*, Zur Verfassung Europas, Das Konzept der Menschenwürde und die realistische Utopie der Menschenrechte, 2011, S. 22 f.; *Wilk*, Die politische Idee der Integration [Fn. 25] S. 84 f.

Dabei ist es im Übrigen keineswegs so, dass Ernst Wolf Werte[53] wie auch sittliche Wertverhältnisse[54] nicht kennen würde. Für Wolf stand aber fest, dass subjektiv erzeugte ethische Bewertungen nicht Maßstab für das sein können, was Recht ist. Wolfs Intention war es vielmehr das Recht isoliert in seiner Realität und zwar unabhängig von all unseren zusätzlichen Bewertungen begrifflich in seinem realen Sein zu erfassen und damit der menschlichen Bewertung und Beliebigkeit zu entziehen.

Dies gilt auch für die ethische Existenz des Menschen. Die ethische Existenz ist nichts anderes als eine besondere Ausgestaltung des personhaften Existierens. Als biologische Existenz ist der Mensch auch in der Lage über „Gut und Böse" selbstbestimmte freie ethische Entscheidungen zu treffen und sich danach zu verhalten.[55] Ganz in diesem Sinne führt Wolf aus, dass es gerade Inhalt der die Würde des Menschen begründenden Freiheit der Persönlichkeit sei, sittliche Entscheidungen zu treffen, ohne einem sittengesetzlichem Zwang zu unterliegen.[56] Der Menschenwürde entspricht es nach Wolf, wenn der Mensch von jedem anderen seiner Eigenschaft als Person gemäß behandelt wird.[57] Die Menschenwürde bildet im speziellen die ethische Existenz eines Menschen ab[58] und steht keinesfalls im Widerspruch zur biologischen Existenz.

IV. Die Geschichte der personalen Sittlichkeit als Maßstab des positiven Rechts

Nach dem ethischen Personalismus sind die sittlichen Personen der Ursprung eines sittlichen Staates[59] und damit des positiven Rechts. Nicht die

53 *Ernst Wolf*, Allgemeiner Teil [Fn. 1] § 1 B b1, S. 41 ff.; Vgl. zu den Werten auch Wilk, Die politische Idee der Integration [Fn. 25], S. 48 ff. Zur Abgrenzung zwischen Wert und Begriff siehe *Wilk* a.a.O. S. 52 Fn. 74.

54 *Ernst Wolf*, Allgemeiner Teil [Fn. 1] § 1 B b 2, S. 45 ff.

55 *Wilk*, Die politische Idee der Integration [Fn. 25], S. 73.

56 *Ernst Wolf*, Allgemeiner Teil [Fn. 1] § 1 B b 2, S. 47.

57 *Ernst Wolf*, Allgemeiner Teil [Fn. 1] § 3 A II i, S. 182.

58 *Wilk*, Die politische Idee der Integration [Fn. 25] S. 73.

59 *Kunz/Mona*, Rechtsphilosophie, Rechtstheorie, Rechtssoziologie [Fn. 50] 4.1, 2.3, Rn. 142, S. 88 führen aus, dass Menschen nach Hegels Rechtsphilosophie Teil des umfassenden Geistes (Weltgeistes) würden, wenn sie das Recht in ihrer Grundidee erfassten und sie sich in ihrem Handeln zu eigen machten; im Staat

realen Menschenrechte sondern die Ethik gilt als Grundlage des positiven Rechts. Das „geschichtliche Werden“, welches Hegel in den Mittelpunkt seiner Philosophie rückte, prägt den ethischen Personalismus von Larenz und die daraus hervorgegangene Wertungsjurisprudenz frei nach dem Motto, dass die Geschichte der Sittlichkeit der Menschen die Wahrheit schon hervorbringen werde.[60]

Ganz in diesem Sinne hat nach Larenz[61] das Recht etwas mit „Gerechtigkeit“, mit „sozial-ethisch richtigem Verhalten“ zu tun.[62] Deshalb seien vom Gesetzgeber die im Widerstreit stehenden subjektiven Interessen und Bedürfnisse nach Gerechtigkeitskriterien in ihrer wechselseitigen Vorzugswürdigkeit zu bewerten.[63] Die Gesetze erhöben deshalb einen objektiven oder quasi-objektiven Anspruch einer gerechten Bewertung der zugrundeliegenden Interessen.[64] Dahinter steht die Vorstellung, dass die Verfassung wie auch die darauf beruhenden positiven Gesetze Ausdruck einer dahinterstehenden ethischen Wertordnung[65] seien, wobei die jeweilige ethische Wertordnung wiederum das Ergebnis einer nach Wahrheit drängenden historischen Entwicklung sein soll.

---

als der Verkörperung der Sittlichkeit vereinigten sich abstraktes, d.h. positives Recht und Moralität. Siehe auch *Hegel*, Rechtsphilosophie [Fn. 9] § 257. „Der Staat ist die Wirklichkeit der sittlichen Idee, – der sittliche Geist“. Zur Sittlichkeit vgl. auch *Wilk*, Die politische Idee der Integration [Fn. 25] S. 81: „Sittlichkeit ist somit mit anderen geteilte Würde, d.h. die Anerkennung des Wertes der Würde an sich, der seine bipolaren Elemente synthetisch in sich aufnimmt. Wer sich unsittlich verhält, verletzt somit der Sache nach nicht nur das Selbst des anderen sondern gleichzeitig auch das eigene Selbst. Die Verletzung der eigenen wie fremden Würde ist somit mit dem Zustand der Selbstverachtung gleichzusetzen, wie dies schon bei Kant anklingt.“

60 Vgl. *Safranski*, Schopenhauer [Fn. 40] S. 172, 387: „progressives Wahrheitsgeschehen“.

61 *Larenz*, Methodenlehre [Fn. 11] S. 119 ff.; vgl. hierzu auch *Dietmar von der Pfordten*, Vorlesung Theorie und Methoden des Rechts, 7. Vorlesung: Theorien der Methoden III/Theorien des Rechts unter http://www.rechtsphilosophie.uni-goettingen.de/Vorlesung7SS2010.pdf, S. 1 ff.

62 *Larenz*, Methodenlehre [Fn. 11] S. 122 m.w.N.

63 *Larenz*, Methodenlehre [Fn. 11] S. 119.

64 *von der Pfordten* [Fn. 61] S. 1 f.; *Larenz*, Methodenlehre [Fn. 11] S. 119 f.

65 *Johann Braun*, Einführung in die Rechtsphilosophie, Tübingen 2006, S. 55.

Der Rechtsphilosoph Johann Braun hat das historische Entstehen dieser Wertordnung wie folgt anschaulich beschrieben:

„Wer nach Gerechtigkeit fragt, kann daher nicht so tun, als bewege er sich auf unbestellten Boden. Er muss paradoxerweise voraussetzen, daß die Geschichte und damit die gegenwärtige Gesellschaft, die deren Produkt darstellt, ein Reservoir von Erkenntnissen und Erfahrungen enthält, durch das seine Frage in einem gewissen Umfang bereits beantwortet ist. Wer sich darüber hinwegsetzen wollte, müßte so tun, als ob es die historische Entwicklung nicht gäbe, obgleich seine eigene Existenz, sein Denken, Wollen und Fühlen, zum guten Teil nur als Produkt der Geschichte erklärbar ist. Man nennt diese historisch gewonnenen Gesichtspunkte der Vorzugswürdigkeit in der Regel Werte. Die Wertordnung einer Gesellschaft gibt Auskunft darüber, was in dem betreffenden Kulturkreis traditionell als gut und gerecht angesehen wird, so daß man darüber nicht immer neu zu diskutieren zu braucht(…). Insgesamt liest sich die Wertordnung wie ein Querschnitt durch die Geschichte des von Christentum, Renaissance und Rationalismus beeinflussten Abendlandes, und eben darum handelt es sich auch."[66]

Mit dem Erlass des Gesetzes ist nach Larenz und der ihm folgenden Wertungsjurisprudenz die Rechtsfindung allerdings keinesfalls abgeschlossen. Auch der Richter sei im Rahmen der Rechtsanwendung an dem sich ständig konkretisierenden Rechtsfindungsakt beteiligt. Der Richter soll dabei gehalten sein, nicht auf die subjektiven Interessen der jeweiligen Partei abzustellen sondern die objektiven Wertungen des Gesetzgebers nachzuvollziehen.[67] Der Richter nimmt dementsprechend an diesem Prozess der Wahrheitsfindung als der Letztentscheider teil und nimmt – wie ein Gesetzgeber – die weiteren Ergebnisse der ethisch-geschichtlichen Entwicklung in seiner Rechtsfolgenentscheidung auf. Jede Entscheidung unterliegt somit nach der Wertungsjurisprudenz einer sog. Billigkeitsüberprüfung, die sogar Ergebnis- und damit Gesetzeskorrekturen auf der Suche nach der gerechten Entscheidung im Einzelfall[68] möglich machten. Die Einzelfallentscheidung wird Recht und damit im historischem Fortschritt der Wahrheitsfindung

66 *Braun*, Einführung in die Rechtswissenschaft [Fn. 31] S. 85 f.

67 *von der Pfordten* [Fn. 61] S. 2.

68 *Braun*, Einführung in die Rechtswissenschaft [Fn. 31] S. 91 ff.; vgl. auch *Larenz*, Methodenlehre [Fn. 11] S. 137 ff.

wiederum die Grundlage für weiteres Recht, u.a. durch Fallgruppenbildungen.

Der fortschreitende ethische Prozess führt somit zwangsläufig zu dem Ergebnis, dass sich das Gericht – allerdings unter Verstoß gegen die im Grundgesetz verankerte Gewaltenteilung – nicht nur als Rechtsanwender des Gesetzes sondern als Glied eines nicht endenden Rechtssetzungsverfahrens zu begreifen hat.[69]

Ernst Wolf äußerte sich in seinen Schriften nicht zu den rechtspolitischen und gesellschaftsethischen Diskursen einer Gesellschaft, an deren Ende ein staatliches Rechtsgesetz steht. Für ihn ist dieser gesellschaftliche Diskurs, der durchaus Wert- und Interessenabwägungen zum Gegenstand hat, für das staatlich hergestellte (positive) Recht[70], für die Rechtserkenntnis wie auch für die Rechtswissenschaft nicht von Bedeutung. Für ihn beginnt die wissenschaftliche Rechtserkenntnis nach dem Zustandekommen von Rechtsgesetzen. Dementsprechend liest man: Staatliche Gesetzgebung ist das Einsetzen von Rechtsgesetzen durch besondere staatliche Organe (Gesetzgebungsorgane) in einem besonderen Verfahren (Gesetzgebungsverfahren).[71] Die staatlichen Gesetze, die Wolf wie naturwissenschaftliche Kausalgesetze behandelt, sind nach streng wissenschaftlichen Methoden anzuwenden. Rechtswissenschaftliches Erkennen (Rechtswissenschaft) ist nach Rechtsgesetzen (gesetzmäßig) erkenntnismethodisches beweisendes Erkennen.[72]

Wolfs Lehre vom positiven Recht ist insoweit mit den rechtspositivistischen Lehren vergleichbar,[73] denen ebenfalls die Vorstellung zugrunde liegt, dass die positiv gesetzten Rechtsregeln von dem sie setzenden Akt abzulösen

---

69 Vgl. hierzu *Ernst Wolf*, Aussperrung [Fn. 30] S. 101 ff., 159 ff., der ausführt, dass der Richter damit zum „Gesetzgeber" werde. *Daniel Müller*, Ein Mann, zwei Gesichter, DIE ZEIT vom 17.07.2014, S. 2 spricht vom Richter „als das Gesetz selbst".

70 *Ernst Wolf*, Allgemeiner Teil [Fn. 1], § 1 A III, S. 11.

71 *Ernst Wolf*, Allgemeiner Teil [Fn. 1], § 1 A III, S. 12.

72 *Ernst Wolf*, Die Reale Rechtslehre und ihre Grundlagen [Fn. 1], S. 99. Zum Wesen der Gesetzesauslegung vgl. *Ernst Wolf*, Aussperrung [Fn. 31] S. 11 ff.

73 Vgl. hierzu *Ernst Wolf*, Die Krise des Rechtsstaates – Festvortrag des Jubilars, in: Die Krise des Rechtstaates, Hrsg. Gerhard Lüke, Marburg 1995, S. 51.

seien und eine eigene Qualität erlangten, die nicht mehr mit Argumenten der Gerechtigkeit in Frage zu stellen sei.[74]

V. Keine Bedingtheit des Rechts durch die Ethik

Die Gegenüberstellung der Lehren vom rechtlichen und ethischen Personalismus zeigt, dass – ungeachtet der gegensätzlichen erkenntnistheoretischen und philosophischen Grundlagen, auf denen diese Lehren beruhen – das Verhältnis von Recht und Ethik den entscheidenden Unterschied ausmacht. Während nach dem ethischen Personalismus das Recht sich an den subjektiv erzeugten Gerechtigkeitsideen des sittlichen Menschen orientiert[75] und durch diese bedingt ist, steht im rechtlichen Personalismus das Recht erst einmal für sich. Es gibt für Ernst Wolf keine Abhängigkeit des Rechts von der Ethik[76] als der Lehre vom richtigen Verhalten.[77]

Demgemäß folgt nach der realen Rechtslehre aus einem vermeintlich richtigen ideengeleiteten Verhalten auch nicht das richtige Recht. Richtiges ethisches Verhalten mit richtigem Recht zu identifizieren verbietet sich schon deshalb, weil niemand eine objektiv begründete Auskunft darüber geben kann, welche ethische Idee des Handelns die richtige ist. So gibt es neben den verschiedenen Religionen eine Vielzahl von philosophisch ethischen Ideen, die in Konkurrenz zueinander stehen und jeweils für sich Richtigkeit beanspruchen, ohne jedoch eine Richtigkeitsgewähr geben zu können. Letztlich sind es Glaubens- oder Machtfragen, die die jeweilige Moral zur herrschenden macht. Ethische Konzepte vom guten und richtigen Verhalten erweisen sich nicht selten als Konzepte ideologischer und politischer Interessen. Da helfen auch kritische demokratische Kontrollen nichts, was man fast jeden Tag von Neuen sehen kann, wenn die Medien als eine Art des

74 *Kunz/Mona*, Rechtsphilosophie, Rechtstheorie, Rechtssoziologie [Fn. 32] 3.2, Rn. 17, S. 36; vgl. zum positivistischen Rechtsbegriff auch *Ralf Dreier*, Der Begriff des Rechts, NJW 1986, 890.

75 *Larenz*, Methodenlehre [Fn. 11] S. 128.

76 *Ernst Wolf*, Allgemeiner Teil [Fn. 1] § 3 II A i, S. 182; siehe auch *Ernst Wolf*, Allgemeiner Teil § 1 B II c, S. 50.

77 *Ernst Wolf*, Allgemeiner Teil [Fn. 1] § 4 D II r, S. 235. Nach dem Lexikon für Ethik ([Fn. 67] unter Ethik) ist die philosophische Ethik von der Idee eines sinnvollen menschlichen Lebens geleitet.

gesellschaftlichen Gewissens eine ethische (political) correctness bemühen und sich dabei nicht selten würdelos verhalten. Man kann auch nicht erkennen, dass die geschichtliche Entwicklung eine ethische Richtigkeitsgewähr böte. Wäre das so, hätte es strenggenommen das Dritte Reich nicht geben dürfen. Die Geschichte ist und bleibt nichts anderes als ein von Menschen selbstgemachter Geschehensablauf, der falsch oder richtig sein kann.

Die Vita von Karl Larenz selbst ist im Übrigen selbst ein Beleg dafür, wie personenverneinend es sein kann, eine sich historisch entwickelnde und jeweils vorherrschende Sittlichkeit zur Grundlage für das Recht zu machen. So vertrat Larenz im Jahre 1935 vor dem Hintergrund einer von ihm befürworteten nationalsozialistischen Rechtserneuerung die Auffassung, dass der Mensch „nicht als Individuum, als Mensch“ „Rechte und Pflichten“ habe. „Nur als Glied der Volksgemeinschaft“ habe „er seine Ehre“, genieße „er Achtung als Rechtsgenosse“. „Rechtsgenosse“ sei „nur, wer Volksgenosse“ sei; „Volksgenosse“ sei, „wer deutschen Blutes“ sei. „Dieser Satz“ könne „an Stelle des die Rechtsfähigkeit ‚jedes Menschen‘ aussprechenden § 1 BGB an die Spitze unserer Rechtsordnung gestellt werden.“[78]

Aus meiner Sicht ist Larenz mit dieser anstößigen Deduktion in jedem Fall auch Opfer seiner eigenen philosophischen Grundhaltung geworden. Denn Larenz dürfte auch im Dritten Reich an eine geschichtliche Entwicklung der „Idee der Gerechtigkeit“ geglaubt haben. Unter dieser Vorgabe war es für ihn nur konsequent seine Auffassung an dem im Dritten Reich geltenden höchsten Gerechtigkeitsideal: „Gut ist, was den Ariern nutzt und den Nichtariern schadet“,[79] zu orientieren. Es überrascht allerdings schon, dass Larenz trotz dieser ethischen Negation auch nach 1945 keinen

---

78 *Karl Larenz*, Rechtsperson und subjektives Recht – Zur Wandlung der Rechtsgrundbegriffe, in: Georg Dahm, Ernst Rudolf Huber, Karl Larenz, Karl Michaelis, Friedrich Schaffstein, Wolfgang Siebert (Hrsg.), Grundfragen der neuen Rechtswissenschaft, Berlin 1935, S. 225 (zitiert nach *Claus-Wilhelm Canaris*, Karl Larenz [abgedruckt unter http://www.jura.unimuenchen.de/fakultaet/lehrstuehle/grigoleit/ressourcen/canaris_karl__larenz.pdf], S. 273). *Canaris* (Karl Larenz, S. 269 ff.) hat sich mit der Verstrickung von Karl Larenz in den Nationalsozialismus beschäftigt und kommt – ohne die Anstößigkeit der zitierten Textstelle verharmlosen zu wollen (S. 274) – zu dem Ergebnis, dass Larenz kein begeisterter oder gar gläubiger „Nazi“ gewesen sei und wohl eher mit den Wölfen geheult hätte (S. 280).

79 *Braun*, Einführung in die Rechtswissenschaft [Fn. 31] S. 83.

grundsätzlichen Zweifel am philosophischen Konstrukt der Bedingtheit des Rechts durch die Sittlichkeit hegte.

Ernst Wolf konnte dagegen noch nie etwas mit einer „Volksmoral“ oder Sittlichkeit im Recht anfangen, deren „düstere Rückseite“ oder „dialektische Negation“ er im Dritten Reich selbst am eigenen Leib zu spüren bekam. Anders als Larenz hatte sich Wolf gegen die Vereinnahmung durch die nationalsozialistische Rechtsideologie zur Wehr gesetzt.[80] Wolf galt deshalb dem nationalsozialistischen System als politisch unzuverlässig, was ihm wiederum Verfolgung und Inhaftierung einbrachte; nur knapp entging er dem Tod.[81]

Ich denke, dass es nicht zuletzt auch die persönlichen – ja auch traumatisierenden – Erfahrungen mit einem menschenverachtenden System waren, die Wolf nach dem Zusammenbruch des Nationalsozialismus veranlassten sich verstärkt mit der Frage nach den unverrückbaren Menschenrechten und dem Verhältnis des Rechts zur Sittlichkeit und Politik auseinanderzusetzen und allen Lehren, die inhaltlich eine ethische oder politische Manipulation des Rechts zuließen, kompromisslos entgegenzutreten. Diese psychologischen Zusammenhänge sollte man nicht leugnen.[82] Sie ändern nichts an der Wissenschaftlichkeit seiner Realen Rechtslehre. Sie machen nur deutlich, dass die Reale Rechtslehre auch einem psychologischen und ethischen Bedürfnis entspricht.

VI. Die Bedingtheit der Ethik durch das Recht

Aus der Abkoppelung des Rechts von der Ethik kann jedoch nicht der Schluss gezogen werden, dass der rechtliche Personalismus mit der Ethik gar nichts zu tun hätte, er ethischen Anforderungen nicht standhielte. Aus der Realen Rechtslehre ist vielmehr – unausgesprochen – ein ethisches Konzept herauszulesen, das gerade den Reiz der grundsätzlich streng wissenschaftlichen Rechtslehre ausmacht. Reales Recht ohne ethische Überformung kann nämlich trotzdem ethisch wertvoll sein.

80 *Hammen*, Die Reale Rechtslehre Ernst Wolfs [Fn. 1] S. 232.
81 *Hammen*, Die Reale Rechtslehre Ernst Wolfs [Fn. 1] S. 232.
82 Vgl. hierzu *Hammen*, Die Reale Rechtslehre Ernst Wolfs [Fn. 1] S. 232 f.

Der ethische Gehalt der Realen Rechtslehre lässt sich wie folgt skizzieren: Die realen Menschenrechte sind die Grundlage jeder säkularen philosophischen Ethik. Das reale Recht auf personhaftes Existieren beinhaltet nicht nur die Berechtigung auf eine eigene ethische Selbstbestimmtheit sondern bedingt auch einen ethischen Achtungsanspruch. Derjenige, der anderen natürliche Entscheidungszuständigkeiten entzieht, verhält sich deshalb zwangsläufig nicht nur rechtswidrig sondern auch ethisch nicht ordnungsgemäß. Wer sich dagegen menschenrechtskonform verhält, verhält sich ethisch korrekt, weil er zugleich die Würde des Anderen achtet. Die Ethik folgt somit dem natürlichen Recht und wird durch dieses bedingt.

Der ethische Kernsatz der Realen Rechtslehre lautet deshalb: Aus der Beachtung des natürlichen Rechts folgt ethisch richtiges Verhalten.

Nach Ernst Wolfs Realer Rechtslehre sind Menschenrechte reale und damit bewusstseinsunabhängige Rechte. Sie bleiben Menschenrechte, gleich wie sich das Bewusstsein der Menschen hierzu verhält oder ob es hierzu Konventionen oder Vereinbarungen gibt. Nach Wolf halten die realen, natürlichen und universellen Menschenrechte jeder geschichtlichen Entwicklung der Sittlichkeit – gleich in welche Richtung diese geht – stand, weil sie von dieser Entwicklung abgekoppelt sind und damit nicht zum Spielball wechselnder ethischer Grundanschauungen werden können. Gerade für multikulturelle Gesellschaften ist dies von immenser Bedeutung, weil der einzige verbindliche Standard des friedlichen Zusammenlebens nur die Menschenrechte und nicht die je nach Kultur unterschiedlichen ethischen Anschauungen sein können. Wozu es führt, wenn man eine ethische Überformung des Rechts zulässt, wird deutlich, wenn man die Kairoer Menschenrechtserklärung vom 5.8.1990 liest, nach der alle Menschenrechte unter dem Vorbehalt der Scharia stehen sollen.[83] Das führt im Ergebnis dazu, dass die Menschenrechte, wie die Rechte der Frau auf Gleichberechtigung, in Wirklichkeit wieder außer Kraft gesetzt werden.[84]

---

83 *Menke/Pollmann*, Philosophie der Menschenrechte [Fn. 32] S. 77 ff., 95 ff.

84 Hierzu *Wilk*, Die politische Idee der Integration [Fn. 25] S. 105 f. Recep Tayyip Erdogan hat, wie Spiegel Online am 24.11.2014 berichtete (http://www.spiegel.de/politik/ausland/erdogan-lehnt-gleichberechtigung-von-mann-und-frau-ab-a-1004690.html), in einer Rede im November 2014 nochmals bekräftigt, dass es keine Gleichberechtigung von Mann und Frau geben könne, das sei gegen „die Natur".

Ein weiterer ethischer Leitsatz, der aus der Realen Rechtslehre folgt, lautet deshalb: Die Qualität unverrückbarer universaler Menschenrechte können nur reale Menschenrechte haben. Nur aus der Anerkennung der Realität der Person und des natürlichen Rechts folgt die Unantastbarkeit der Menschenrechte und der Menschenwürde. Nicht die Bedingtheit des Rechts durch die Ethik sondern die Nichtbedingtheit des Rechts erweist sich insoweit als ein „ethisches Muss". Denn ansonsten wären Menschenrechte ethisch beeinflussbar und aufhebbar und hätten in der Konsequenz weder einen rechtlichen noch ethischen Schutzcharakter.[85]

Im positiven Recht unterscheidet Wolf – ebenso wie der Rechtspositivismus – streng zwischen dem Recht, wie es ist, und dem Recht, wie es sein sollte.[86] Während allerdings der Rechtspositivismus sich zu jeder Naturrechtslehre hin abgrenzt und „die materiale Richtigkeit einer Norm oder einer Normenordnung als Definitionselement völlig ausklammert",[87] ist nach Wolf das hergestellte rechtliche Gesetz nur dann Recht, wenn es dem Begriff Recht, d.h. dem, was Recht ist, entspricht.[88] In Abgrenzung zum Rechtspositivismus schlägt hier das reale Naturrecht Wolfs durch. Die realen Menschenrechte, die den Begriff des Rechts repräsentieren, dürfen – in welcher Gesellschaftsordnung auch immer – nie in Frage stehen. Ein menschenrechtswidriges Gesetz kann kein *rechtliches* Gesetz sein.[89]

Durch die Anwendung des Begriffs Recht wird das positive Recht nicht nur einer rechtlichen sondern mittelbar auch einer ethischen Kontrolle unterzogen, weil das Naturrecht Wolfs auch die Basis einer säkularen Ethik ist.

Insoweit gilt der Leitsatz: Ein positives Gesetz, welches dem personhaften Existieren des Menschen nicht entspricht, kann auch ethisch nicht richtig sein. Daran ändern auch demokratische oder vermeintlich ethische Diskurse

---

85 Nach *Ernst Wolf* (Allgemeiner Teil [Fn. 1] § 1 B I a, S. 50) kann sich ein Mensch nur dann sittlich verhalten, soweit ihm nicht ein anderer durch unrechtmäßiges Verhalten die für die sittliche Entscheidung notwendige Entscheidungsmöglichkeit entzieht.

86 *Ernst Wolf*, Aussperrung [Fn. 30] S. 48 ff.

87 *Dreier*, Der Begriff des Rechts [Fn. 75] S. 890.

88 *Ernst Wolf*, Allgemeiner Teil [Fn. 1] § 1 A III, S. 11; *Ernst Wolf*, Aussperrung [Rn. 30] S. 97. Nach meinem Verständnis hat *Ernst Wolf* damit den vermeintlichen Widerspruch von Naturrecht und Positivismus „aufgehoben".

89 *Ernst Wolf*, Aussperrung [Fn. 30] S. 97.

und die Einhaltung von Gesetzgebungsverfahren nichts, da sich auch eine Mehrheitsmeinung nicht über das, was Recht ist, hinwegsetzen kann.

VII. Resümee

Ernst Wolf selbst hat sich mit diesen Schnittstellen von Recht und Ethik in seiner Lehre nicht auseinandergesetzt. Vor dem Hintergrund des Gesagten wird man sich allerdings die Frage stellen müssen, ob die Reale Rechtslehre, die die Ethik im Recht streng verneint, ethisch gesehen nicht sogar das „richtige Recht" ist, eine Frage, die sich Wolf nie gestellt hätte, weil er darin schon wieder eine unzulässige Vermengung von Recht und Ethik gesehen hätte.

Wie dem auch sei: Wolf hat Kants Lehre vom ethischen Personalismus mit seinem rechtlichen Personalismus wieder vom (idealisierten) Kopf auf die (realen) Füße gestellt, indem er die Person von ihrer idealen Rückseite – d.h. der Idee, der kein Gegenstand in der Erfahrung adäquat gegeben werden könne[90] – wieder befreit hat. Nicht die ethische Person sondern das bloße Menschsein, welches keiner zusätzlichen ideal-ethischen Betrachtungen und Erwartungen bedarf, ist der anthropologische Ursprung des Rechts. Damit verliert das Recht seine Idealität und normative Beliebigkeit und bleibt so, wie es ist, nämlich real. Nur so kann das Recht – zumindest den Grundlagen nach – Gegenstand einer objektiven wissenschaftlichen Erkenntnis sein. Nur so ist das Recht – auch ethisch betrachtet – verlässlich und kann den Menschen sicheren Schutz bieten.

90 *Kant*, Anthropologie in pragmatischer Hinsicht [Fn. 38] S. 129.

IV. Abteilung

Horst Hammen

Welche Beschaffenheit haben die rechtlichen Verhältnisse – Von der Hochphase der Realen Rechtslehre zu „Rechtsphilosophie – ein Irrweg!“

Die meisten, die Ernst Wolf als Assistenten oder Doktoranden ein Stück des Weges begleitet haben, kennen die Entwicklungen seiner – wie er es nannte – Ontologie und seiner Realen Rechtslehre nur in einem Ausschnitt. Mit der Einstellung seiner Lehrtätigkeit im Frühjahr 1983 endete auch das unmittelbare Gespräch mit ihm in Vorlesungen und Seminaren und an seinem Schreibtisch im Savigny-Haus in Marburg. Fortan erfuhr man über sein rechtsontologisches Schaffen nur noch aus einigen wenigen Publikationen, die indes überwiegend nicht seiner eigenen Ontologie, sondern der Philosophie Kants gewidmet waren.[1] Deshalb haben wir vielleicht nicht richtig bemerkt, dass Ernst Wolf in seinem letzten Lebensjahrzehnt gewichtige Positionen seiner in den 1960er bis 1990er Jahren vertretenen Realen Rechtslehre, so wie die meisten von uns sie kennengelernt haben, nicht unwesentlich geändert hat. Dieser Änderungsprozess vollzog sich in zwei Abschnitten. In einem ersten Abschnitt, den man auf die Jahre zwischen 1998 und 2002, dem Erscheinungsjahr der Schrift „Rechtsphilosophie – ein Irrweg!“[2], datieren kann, treten, wie wir noch im Einzelnen sehen werden, die geistigen Seienden, zu denen Ernst Wolf ursprünglich auch die rechtlichen Verhältnisse gezählt hat, in den Hintergrund. Von Gerhard Wolf haben wir erfahren, dass Ernst Wolf dann, worüber Gerhard Wolf im Anschluss vortragen wird, am Ende seines Lebens mit Bemerkungen wie: „Das ist alles falsch“, „Eine (Rechts-)Ontologie wird es nicht geben“ und „Nichts

1 Vgl. Vertragsfreiheit – Eine Illusion? in: Festschrift für Max Keller, hrsg. v. Peter Forstmoser, Hans Giger, Anton Heini, Walter R. Schluep, 1989, S. 359 ff.; Die Krise des Rechtsstaats – Festvortrag des Jubilars, in: Gerhard Lüke (Hrsg.), Die Krise des Rechtsstaats, 1995, S. 35, 44 ff.; Der „Euro“ – Vernichtung Deutschlands und Europas, 1998, S. 17 ff.

2 Ernst Wolf/Gerhard Wolf, Rechtsphilosophie – ein Irrweg!, 2002.

ist nichts“ von wesentlichen Teilen seiner Realen Rechtslehre abgerückt zu sein scheint.

Im Folgenden möchte ich mich zunächst mit der Realität der rechtlichen Verhältnisse als körperlich-geistig Seiender beschäftigen, so wie sie von Ernst Wolf in den 1970er bis Ende der 1990er Jahre gelehrt worden ist. Dann will ich die Änderungen an dieser Lehre beschreiben, wie sie uns in „Rechtsphilosophie – ein Irrweg!“ entgegentreten. Diese Änderungen möchte ich als Reaktion auf eine Einsicht begreifen, dass den rechtlichen Verhältnissen nichts Geistiges anhaftet. Abschließend will ich erklären, dass diese Einsicht freilich keineswegs zu einer Negation der rechtlichen Verhältnisse oder ihrer Realität führen darf, wie sie Ernst Wolf in seiner letzten Schaffensphase mit den Worten „Nichts ist nichts“ aber angedeutet hat, sondern dass es – jedenfalls im Grundsatz – bei dem letzten Satz von „Rechtsphilosophie – ein Irrweg!“ bleibt, nämlich dass die rechtlichen Verhältnisse real sind.

Die Aufgabe, die ich zu bewältigen habe, wird durch den Umstand erschwert, dass wir insbesondere mit seiner Abhandlung „Der freie Raum der Wissenschaft und seine Grenzen“[3] und mit seinem Lehrbuch „Allgemeiner Teil des bürgerlichen Rechts“[4] zwar einige Grundlegungen seiner allgemeinen ontologischen Lehren in Händen halten – ich habe darüber anlässlich seines 90. Geburtstags berichtet und es ist dieser Bericht in der Festschrift zu Ehren des Rechtsphilosophen Jan Schapp, eines meiner Vorredner heute, publiziert[5] –, dass aber gerade zur Seinsweise der rechtlichen Verhältnisse vieles unveröffentlicht geblieben ist. Insbesondere fehlt uns sein Lehrbuch zur Ontologie und Rechtsontologie, dessen Erscheinen er immer wieder angekündigt hat, zu dessen abschließender Abfassung er sich indes nie hat durchringen können. Immer wieder habe ich ihn, wenn ich ihm nach meinem Weggang aus Marburg zu seinem Geburtstag geschrieben habe, ermuntert,

---

3 Ernst Wolf, Der wissenschaftstheoretische Aspekt: Der freie Raum der Wissenschaft und seine Grenzen, in: Der freie Raum der Wissenschaft uns seine Grenzen, hrsg. v. Werner Barthold, 1974, S. 7 ff.

4 Ernst Wolf, Allgemeiner Teil des bürgerlichen Rechts, 3. Aufl. 1982, (zit.: Allg. T.).

5 Hammen, Die Reale Rechtslehre Ernst Wolfs, in: Festschrift für Jan Schapp, hrsg. v. Patrick Gödicke, Horst Hammen, Wolfgang Schur, Wolf-Dietrich Walker, 2010, S. 231 ff.

dieses schon zu meiner Studienzeit in der zweiten Hälfte der 1970er Jahre konzipierte Werk zu publizieren. Und weil es einen Blick in die Werkstatt unseres Lehrers nach seiner Emeritierung erlaubt, ist es mir wichtig, zu berichten, was er mir über die Jahre geantwortet hat. Anfang 1988 teilte er mir mit, die Erarbeitung der gesamten Philosophiegeschichte erfordere einen ungeheuren Zeitaufwand, er hoffe aber, das Manuskript seiner „Ontologie" bis Jahresende abzuschließen. Ein Jahr später schrieb er mir, die Durcharbeitung der Philosophie Kants, die in den Beitrag „Vertragsfreiheit – eine Illusion?" zur Festschrift für Max Keller[6] mündete, habe die Fertigstellung der „Ontologie" verzögert. Wieder ein Jahr darauf kündigte er an, sich nunmehr für die systematische Endfassung der „Ontologie" durch Massen eigener Manuskripte durcharbeiten zu wollen. Im Jahre 1991 erhielt ich einen Brief von ihm, in dem ein „Zerknirschter" von immer wieder neu auftauchenden, umfangreichen Schwierigkeiten berichtete, die freilich nicht das System beträfen. Auf meine (ich zitiere Ernst Wolf:) „heilsam drängende Erwähnung" der „Ontologie" anlässlich seines 80. Geburtstags im Jahre 1994 hin teilte er mir mit, es gehe mit dem Lehrbuch auf die Zielgerade, weil die grundlegende Bearbeitung der Philosophie nun abgeschlossen sei.

Vielleicht hätte das Werk in den Jahren danach doch noch gelingen können. Denn wir wissen aus der von ihm autorisierten[7] Darstellung seiner Lehre durch Bettina Wendlandt in dem von Thomas Hoeren herausgegebenen Buch „Zivilrechtliche Entdecker", dass Ernst Wolf noch im Jahre 1998 seine in den 1970er Jahren aufgestellten rechtsontologischen Thesen praktisch unverändert weitervertreten hat; insbesondere hat er bis dahin an seiner Auffassung festgehalten, die rechtlichen Verhältnisse seien geistigkörperliche Seiende.[8] Aber es sollte anders kommen. Die Schrift „Der „Euro""[9] aus dem Jahre 1998 zeigt, dass Ernst Wolfs Auseinandersetzung mit Kant keineswegs zu einem Ende gekommen war. Erst in seinem anlässlich seines 90. Geburtstags im Jahre 2004 gehaltenen Vortrag über „Kants wahre

6 Ernst Wolf, Vertragsfreiheit – eine Illusion?, in: Festschrift für Max Keller, S. 359 ff.

7 Gerhard Wolf, Reale Rechtslehre, A Die zentralen ursprünglichen Thesen, www.prof-wolf.de/Vater-und-Akademischer-Lehrer.1580.0.html.

8 Wendlandt, Ernst Wolf und die Reale Rechtslehre, in: Zivilrechtliche Entdecker, hrsg. von Thomas Hoeren, 2001, S. 275, 302.

9 Ernst Wolf, Der „Euro" – Vernichtung Deutschlands und Europas, 1998.

Lehren" hat er seinen Frieden mit dem Königsberger Philosophen gemacht. Der Vortrag endet mit der Feststellung, Kants Rechtslehre sei realistisch gewesen.[10] Freilich konnte dieser Abschluss der Philosophiegeschichte den Weg zur Fertigstellung des Lehrbuchs der Ontologie nicht mehr frei machen. Denn einige Jahre zuvor hatte Ernst Wolf mit der Skizze „Die Reale Rechtslehre und ihre Grundlagen"[11] begonnen, sein eigenes Gedankengebäude umzubauen. Und weil dieser Umbau ihn ausweislich seiner Bemerkungen gegenüber Gerhard Wolf aus den letzten Lebensjahren zu der Überzeugung führte: „Eine (Rechts-)Ontologie wird es nicht geben",[12] blieb sein über Jahrzehnte projektiertes Grundlagenwerk ungeschrieben.

Gleichwohl müssen wir uns keineswegs mit den erwähnten kurzen Skizzen der Rechtsontologie und der Realen Rechtslehre insbesondere in seinem „Allgemeinen Teil des bürgerlichen Rechts" begnügen. Es gibt nämlich umfangreiche maschinenschriftliche Manuskripte, die Ernst Wolf seinem Vortrag in der Vorlesung „Rechtsontologie" zugrunde gelegt hat und die über den Stand der Realen Rechtslehre in den 1970er Jahren bestens unterrichten können. Ich besitze ein solches Manuskript, das Ernst Wolf mir in den Jahren 1977/78 als Arbeitsunterlage für meine Tätigkeit als Leiter einer Arbeitsgemeinschaft zu seiner Vorlesung „Rechtsontologie" überlassen hat.[13]

Bevor wir nun aber aus diesem noch unerschlossenen Material schöpfen können, ist eine Vorbemerkung zur Verwertbarkeit der Manuskripte für die Erfassung der rechtsontologischen Lehren Ernst Wolfs angebracht. Verschiedentlich haben nämlich berühmte Rechtslehrer Vorbehalte gegen eine Verwertung von Vorlesungsmaterialien vorgebracht. Savigny hat etwa darauf hingewiesen, Vorlesungen seien an den Unkundigen gerichtet, während sich das gedruckte Werk an den Kundigen richte.[14] Solche Bedenken brauchen wir bei der Auswertung des Rechtsontologie-Manuskripts Ernst

---

10 Ernst Wolf, Kants wahre Lehren, 2005, S. 24.

11 In: Ernst Wolf/Gerhard Wolf, Rechtsphilosophie – ein Irrweg!, S. 91 ff.

12 Gerhard Wolf, Reale Rechtslehre, B Die späten Korrekturen, www.prof-wolf.de/Vater-und-Akademischer-Lehrer.1580.0.html.

13 Im Folgenden zit. Manuskript Rechtsontologie; Seitenzählung von mir.

14 Savigny, System des heutigen römischen Rechts, Bd. 1, 1840, S. XLVIII; vgl. Hammen, Friedrich Carl von Savigny, Pandektenvorlesung 1824/25, 1993, S. XXXIV.

Wolfs nicht zu hegen. Zwar war seine Ontologie-Vorlesung als Erstsemesterveranstaltung in der Tat nicht nur an Studienanfänger der Jurisprudenz, sondern noch dazu an philosophische Laien gerichtet. Aber wir alle, die wir ihm bei der Erstellung seiner Lehrbücher assistiert haben, wissen, dass alle seine Vorlesungsmanuskripte zugleich ausformulierte Entwürfe seiner Lehrbücher gewesen sind. Und aus der Darstellung von Bettina Wendlandt können wir sehen, dass er auch gegen den Gebrauch seiner Notizen keine Einwände gehabt hat.[15]

Deshalb können wir uns nun der Frage zuwenden, von welcher Beschaffenheit die rechtlichen Verhältnisse sind. Die Beantwortung dieser Frage muss bei den Seienden oder – wie sie Ernst Wolf später genannt hat – bei den Existenzen ansetzen. Das erfordert zunächst eine Bemerkung zu dem Verhältnis von Sein und Wahrnehmung. Ob die Dinge, die ich wahrnehme oder doch wenigstens wahrzunehmen meine, nur in meiner Vorstellung existieren, ob vielleicht sogar ich selbst nur in meiner Vorstellung vorhanden bin, ob also „die Gegenstände, als Dinge an sich" – wie es der späte Kant formuliert hat – als „Gedankendinge" kein „besonderes außer meiner Vorstellung existierendes Objekt" sind[16] – man pflegt diese Philosophie eine idealistische zu nennen –, oder ob die Welt und in ihr ich selbst – wie es Ernst Wolf[17] und andere Vertreter eines empirischen Realismus lehren – als von einem oder meinem Bewusstsein unabhängig vorhanden sind – diese Frage möchte ich heute undiskutiert lassen. Das Problem, das ich heute bewältigen will, ist ein etwas weniger allgemeines, nämlich ein auf das Recht bezogenes. Wenn wir mit Ernst Wolf annehmen, dass die Welt als die Gesamtheit aller Seienden real, also unabhängig von einer auf sie bezogenen Bewusstheit existiert, ist die Frage zu stellen, ob auch die rechtlichen Verhältnisse zu diesen real vorhandenen Existenzen gezählt werden können. So nämlich lautet die Kernthese der Realen Rechtslehre, die Ernst Wolf bis in seine

15 Wendlandt, Ernst Wolf und die Reale Rechtslehre, in: Zivilrechtliche Entdecker, S. 275, 295.

16 Zit. nach Eisler, Wörterbuch der philosophischen Begriffe, Bd. 1, 4. Aufl. 1927, S. 282.

17 Ernst Wolf, Der wissenschaftstheoretische Aspekt: Der freie Raum der Wissenschaft und seine Grenzen, in: W. Barthold (Hrsg.), Der freie Raum der Wissenschaft und seine Grenzen, S. 7, 26 f.; vgl. Hammen, Die Reale Rechtslehre Ernst Wolfs, in: Festschrift für Jan Schapp, S. 231, 234.

letzten rechtsphilosophischen Publikationen hinein vertreten, dann aber in seinen letzten Lebensjahren offenbar grundlegend in Zweifel gezogen hat.

Nach der von Ernst Wolf viele Jahre gelehrten Ontologie sind Seiende änderbare, einzelne, begrenzt zeitlich ausgedehnte, inhaltlich ausgefüllte Beständige.[18] Was das vierte dieser fünf Seinsmomente, die inhaltliche Ausgefülltheit eines jeden Seienden angeht, unterscheidet er körperliche und geistige Seiende. Die körperlichen Seienden begreift er als solche mit räumlicher Ausdehnung und stofflichem Inhalt. Die geistigen Seienden haben eine solche Ausdehnung nicht und statt eines stofflichen einen begrifflichen Inhalt. Hierzu zählen zuvörderst Denken, Begriffe, Entschließen und Wollen.[19] Geistige Seiende ohne begrifflichen Inhalt gibt es nicht.[20] Dass es geistige Seiende gibt, leitet Ernst Wolf aus folgender Beobachtung her: „Dass es Begriffe gibt, wissen wir aufgrund der Erfahrung, dass Wörter und andere Zeichen eine Bedeutung haben können oder nicht".[21] Da eine solche Bedeutung, also ein Begriff nicht räumlich ausgedehnt ist und auch keinen stofflichen Inhalt hat, ist er kein körperliches, mithin ein geistiges Seiendes.[22] Dann folgert Ernst Wolf aber weiter, da Begriffe nur in Gehirnzentren von Menschen vorhanden seien, gebe es geistige Seiende nur als unselbständige Seiende, nämlich als Bestandteile von Gehirnzentren eines Menschen. „Selbständige geistige Seiende (Geister)" – so fährt er fort – „existieren nach der Erfahrung nicht".[23] Da Begriffe, Entschlüsse, Erinnerungen und dergleichen Bestandteile eines Gehirnzentrums sind, geschehen bei jedem Denken oder Handeln körperliche Gehirnvorgänge, die körperliche Bestandteile solcher Tätigkeiten sind und zusammen mit den geistigen Bestandteilen jeweils *ein* Seiendes, nämlich ein körperlichgeistiges Seiendes bilden. Hiernach gibt es geistige Seiende, die nicht Bestandteile eines solchen körperlichgeistigen Seienden sind, also rein geistige Seiende, nicht.[24] Gleichwohl wollen wir mit

18 Ernst Wolf, Allg. T., § 1 A., S. 2; Wendlandt, Ernst Wolf und die Reale Rechtslehre, in: Zivilrechtliche Entdecker, S. 275, 284.
19 Ernst Wolf, Allg. T. § 1 A., S. 6.
20 Manuskript Rechtsontologie S. 91.
21 Manuskript Rechtsontologie S. 91.
22 Manuskript Rechtsontologie S. 92.
23 Manuskript Rechtsontologie S. 91; Allg. T. § 1 A S. 6.
24 Manuskript Rechtsontologie S. 92 f., 113.

Ernst Wolf[25] zur Vermeidung sprachlicher Schwerfälligkeiten die körperlich-geistigen Seienden im Folgenden als geistige Seiende bezeichnen.

In diese begrifflichen Zusammenhänge hat Ernst Wolf nun die rechtlichen Verhältnisse eingepasst. Diese Verhältnisse bestimmt er als personhafte Ordnungsverhältnisse. Unter einem personhaften Ordnungsverhältnis versteht er ein Verhältnis mit dem Inhalt, das Entstehen, Erhalten und Entfalten des Menschen in seiner Eigenschaft als Person, also eines mit der Anlage zur Entschließungsfähigkeit ausgestatteten Lebewesens, zu bedingen.[26] Als Oberbegriff zu dem Begriff des Verhältnisses sieht er denjenigen der Verknüpftheit.[27]

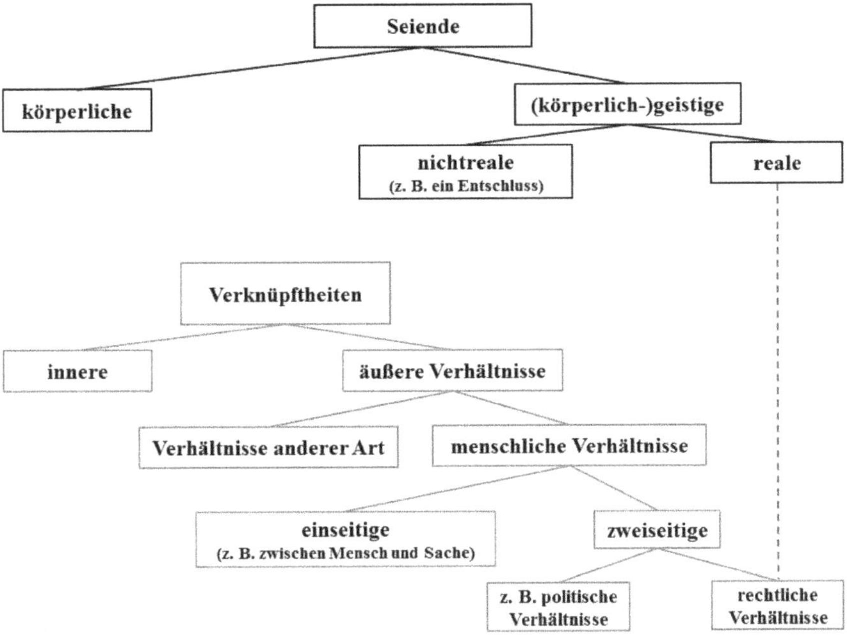

25 Ernst Wolf, Die Lehre von der Handlung, AcP 170 (1970) S. 181, 206.

26 Ernst Wolf, Allg. T. § 1 A. S. 5 ff.

27 Manuskript Rechtsontologie S. 57: „Eine Verknüpftheit ist entweder ein Zusammenhang oder ein Verhältnis".

Als Verknüpftheit definiert er ein unselbständiges Seiendes, das je zu einem Teil in je einem anderen Seienden existiert. Die Verknüpftheit soll also Bestandteil des einen und des anderen Seienden sein, zwischen denen sie besteht.[28] Obgleich diese Verknüpftheit mithin außerhalb dieser Seienden nicht existiert, soll sie selbst ein Seiendes sein, weil sie beispielsweise eine eigene inhaltliche Ausgefülltheit und eine eigene zeitliche Begrenztheit habe.[29] So endet etwa nach Ernst Wolf ein Anspruch als solcher, es enden aber die an diesem rechtlichen Verhältnis Beteiligten nicht, wenn der Schuldner die Einrede der Verjährung erhebt.[30] Ernst Wolf unterscheidet innere und äußere Verknüpftheiten. Als innere Verknüpftheit begreift er eine Verknüpftheit in einem Seienden, wie sie zwischen den Bestandteilen dieses Seienden, z.B. zwischen der Herztätigkeit eines Menschen und dessen Blutkreislauf bestehe. Demgegenüber besteht eine äußere Verknüpftheit vornehmlich zwischen *selbständigen* Seienden. Diesen äußeren Verknüpftheiten sind auch die rechtlichen Verhältnisse zuzuordnen. Eine „innere Berechtigung“, von der das Reichsgericht gesprochen habe,[31] gebe es nicht.[32] Ernst Wolf definiert den Begriff des Verhältnisses, also den Gattungsbegriff des Begriffes des rechtlichen Verhältnisses, als Zusammenhang zwischen Seienden, der den Inhalt hat, ein anderes Seiendes zu bedingen.[33] Diese Definition möchte ich, weil sie für die Realität rechtlicher Verhältnisse irrelevant ist, unerläutert lassen, sondern sogleich die Begriffsleiter weiter herabsteigen hin zu den menschlichen Verhältnissen, die es als einseitige oder zweiseitige gibt. Ein einseitiges menschliches Verhältnis ist – wir werden auf ein ähnliches Beispiel zurückkommen – das Verhältnis zwischen Herr und Hund.[34] Ein

28 Manuskript Rechtsontologie S. 55.
29 Manuskript Rechtsontologie S. 55 f.
30 Ernst Wolf, Allg. T. § 6 B., S. 270.
31 RGZ 126, 308, 316, wobei das Reichsgericht freilich kein „inneres“ Recht behaupten wollte, sondern von der inneren Berechtigung einer durch § 498 Abs. 2 S. 1 BGB (a.F.) gezogenen Folgerung auch auf den Fall des Wiederkaufs gesprochen hat.
32 Manuskript Rechtsontologie, S. 14, handschriftlicher Zusatz.
33 Ernst Wolf, Allg. T. § 1 A. S. 4.
34 Manuskript Rechtsontologie, hinter S. 70 d eingelegtes Konvolut (§ 5 Die Zusammenhänge), S. 12, handschriftlicher Zusatz.

zweiseitiges menschliches Verhältnis ist ein Verhältnis zwischen Menschen, z.B. ein Liebesverhältnis, aber auch ein rechtliches Verhältnis.

„Das wesentlich Neue der Realen Rechtslehre ist die Erkenntnis der Realität der rechtlichen Verhältnisse" hat Ernst Wolf am Ende von „Rechtsphilosophie – ein Irrweg!" geschrieben.[35] Die seinerzeit vertretenen Gegenpositionen, von denen sich die Reale Rechtslehre abheben will, hat besonders eindrücklich Dietrich Bickel in seiner Abhandlung „Die Entwicklung der deutschen Privatrechtswissenschaft seit dem Inkrafttreten des Bürgerlichen Gesetzbuchs" zusammengestellt, die 1984 im Law Review der Korea University erschienen ist (S. 301 ff.). Bickel hat darauf hingewiesen (S. 319 Fn. 62), dass schon das Reichsgericht die Rechte als „der gedachten Welt angehörend" bezeichnet hat.[36] Nach Stein/Jonas/Pohle[37] sind „Rechtsfolgen ... nichts Wirkliches, sie gehören der Geistes-, nicht der Sinneswelt an". Nach Ennecerus/Nipperdey[38] sind die Rechte „Gedankendinge". Bei Peter[39] „ruhen" die Rechte „nur in unserem Bewusstsein", sind „Gebilde unserer Vorstellung". Und nach Larenz[40] „existiert" „das Recht als objektiver Geist" „nur vermöge seines Bewusstwerdens durch diejenigen, an die es sich richtet und die es anwenden". Demgegenüber ist es nach Ernst Wolf unzutreffend zu sagen, rechtliche Verhältnisse seien gedachte Verhältnisse. Da nur Begriffe gedacht werden können, kann ein gedachtes Verhältnis nur ein Verhältnis zwischen Begriffen sein.[41] Deshalb existiert ein rechtliches Verhältnis, z.B. ein Anspruch nicht in einer Denktätigkeit, sondern besteht zwischen den hieran beteiligten Personen auch wenn niemand einen sich darauf beziehenden Begriff, z.B. den Begriff Anspruch denkt. Als gesetzlichen Beleg dafür, dass ein Anspruch entstanden und damit vorhanden sein kann, ohne dass jemand, z.B. der Gläubiger, etwas davon weiß, führte er

35 Ernst Wolf/Gerhard Wolf, Rechtsphilosophie – ein Irrweg!, S. 100.
36 RGZ 67, 166, 167.
37 Stein/Jonas/Pohle, ZPO, 1. Bd., 19. Aufl. 1964, § 282 Anm. IV 4 a.
38 Enneccerus/Nipperdey, Allgemeiner Teil des Bürgerlichen Rechts, 1. Hbd., 15. Aufl. 1959, § 72 N. 22, S. 437.
39 Peter, AcP 132 (1930) S. 1, 15, 19.
40 Larenz, Methodenlehre der Rechtswissenschaft, 3. Aufl. 1975, S. 391.
41 Ernst Wolf, Der Begriff Gesetz, in: Festgabe für Ulrich von Lübtow, hrsg. V. Walter C. Becker, Ludwig Schnorr von Carolsfeld, 1970, S. 109, 133.

§ 198 S. 1 BGB a.F. an.[42] Noch deutlicher ist die Vorschrift in § 199 Abs. 3 S. 1 Nr. 1 BGB n.F., nach welcher Schadensersatzansprüche in zehn Jahren „von ihrer Entstehung an" und zwar „ohne Rücksicht auf die Kenntnis" des Gläubigers „von den den Anspruch begründenden Umständen" (§ 199 Abs. 1 Nr. 2 BGB n.F.) verjähren.

Bezüglich der solchermaßen bestimmten rechtlichen Verhältnisse wird nun eine für unsere Fragestellung bedeutsame Weichenstellung vorgenommen. So ganz werden die rechtlichen Verhältnisse aus der Welt des Geistigen nämlich dann doch nicht herausgenommen. Vielmehr meint Ernst Wolf, diese Verhältnisse seien aus körperlichen und geistigen Bestandteilen zusammengesetzt. Begründet wird diese Behauptung mit dem Argument, das rechtliche Verhältnis habe Möglichkeiten personhaften Existierens der daran beteiligten Personen zum Gegenstand und diese Möglichkeiten seien Einheiten aus körperlichen und geistigen Bestandteilen.[43] Diese Lehre ist der Schlüssel für die Beantwortung der Frage, warum Ernst Wolf seine Ontologie in „Rechtsphilosophie – ein Irrweg!" und in der Zeit danach („Nichts ist nichts") wesentlich verändert hat. Schaut man nämlich genauer hin, ist erstens festzustellen, dass den rechtlichen Verhältnissen nichts Geistiges anhaftet und dass sie zweitens nicht einmal Seiende in dem von Ernst Wolf gelehrten Sinne sind. Meine erste These sei an folgendem Beispiel erläutert:

X ist Eigentümer eines schon etwas ramponierten Fahrrads, das er nicht mehr haben möchte. Deshalb stellt er es in der Absicht, auf sein Eigentum hieran zu verzichten, auf einem öffentlichen Platz ab, um sich seiner für immer zu entledigen. Etwas später nimmt D, der von der Aufgabe des Eigentums seitens des X nichts weiß, das Fahrrad in Diebstahlsabsicht mit. Sodann schließt er das Fahrrad in einiger Entfernung von seiner Wohnung an den Zaun einer Pferdekoppel an. Einen Tag später bricht das Pferd P, das dem Reitverein e.V. gehört und den Mitgliedern des Vereins zur reitsportlichen Nutzung zur Verfügung steht, aus der Koppel aus. Beim Überspringen des Zaunes schlägt es mit den Hufen aus und verursacht hierdurch an dem Fahrrad einen Schaden von 200 Euro. Von diesem Schaden bemerkt bei dem Reitverein – zumal da dessen Vorstand kurz zuvor zurückgetreten und ein neuer noch nicht bestellt worden ist – niemand etwas. Auch D bekommt

42 Ernst Wolf, Allg. T. § 1 A., S. 18 f.
43 Ernst Wolf, Allg. T. § 1 A. S. 6.

hiervon nichts mit. Zeuge Z, der den D schon vorher zufällig mit dem Fahrrad gesehen und der den Rosssprung beobachtet hat, meldet den Vorgang eine Woche später den Behörden. D hat hiervon freilich nichts mehr, weil er drei Tage nach dem Vorfall an der Koppel verstorben ist.

D hat aus einer kurzen Beziehung mit M einen nichtehelichen Sohn (S), der von seinem Vater und dessen Ableben freilich nichts weiß. Nach dem Tod des D erfährt der zum Betreuer bestellte V des im Wachkoma liegenden G, welcher eine titulierte Forderung in Höhe von 1.000,- Euro gegen S besitzt, von dem verwandtschaftlichen Verhältnis zwischen D und S. Daraufhin lässt er im Namen des G alle von D auf S übergegangenen Forderungen ordnungsgemäß pfänden. Eine Zustellung des Pfändungsbeschlusses an den Reitverein erfolgt nach den Regeln der ZPO, diejenige an den S unterbleibt jedoch.

Die Lösung dieses im akademischen Elfenbeinturm erdachten Falles nach deutschem Zivil- und Zivilverfahrensrecht ist schnell berichtet. X hat sein Eigentum durch Dereliktion gemäß § 959 BGB verloren. Das Fahrrad wurde dadurch herrenlos. D hat das Eigentum an dem herrenlosen Fahrrad nach § 958 Abs. 1 BGB durch Ineigenbesitznahme gemäß § 872 BGB erworben. Das Pferd ist ein Tier i.S.v. § 833 S. 1 BGB, aber kein Haustier i.S.v. § 833 S. 2 BGB. Durch sein Ausbrechen aus der Weide[44] ist eine Sache des D, nämlich das in seinem Eigentum stehende Fahrrad beschädigt worden. Halter eines Tieres ist, wer es auf Dauer unterhält und über seine Nutzung entscheidet, regelmäßig der Eigentümer.[45] Das kann auch ein eingetragener Verein sein.[46] Mithin haftet der Reitverein e.V. dem D gemäß § 833 S. 1 BGB auf Schadensersatz. Dieser Schadensersatzanspruch ist auf den S als den Erben des D übergegangen (§§ 1922 Abs. 1, 1924 Abs. 1 BGB). Bei der Herbeiführung des Pfändungsbeschlusses wird G durch V ordnungsgemäß vertreten.[47] Durch die Zustellung dieses Beschlusses an den Reitverein e.V. ist die Pfändung bewirkt (§ 829 Abs. 3 ZPO). Infolge der Pfändung hat G ein Pfändungspfandrecht erworben (§ 804 Abs. 1 ZPO).

---

44 Vgl. OLG Köln VersR 1993, 616; OLG Hamm VersR 1997, 1542.

45 Ernst Wolf, Lehrbuch des Schuldrechts 2. Band, Besonderer Teil, 1978, § 21 B. III., S. 670.

46 Palandt/Sprau, BGB, 74. Aufl. 2015, § 833 Rn. 10.

47 Zur Reichweite der Vertretungsmacht eines Betreuers vgl. § 1902 BGB.

Geht man demgegenüber von der rechtsontologischen Lehre Ernst Wolfs aus, es seien erstens die rechtlichen Verhältnisse körperlichgeistige Seiende und es gebe zweitens geistige Seiende nur als Bestandteile von Gehirnzentren eines Menschen, geht die Lösung nicht mehr auf. Geistiges begrifflichen Inhalts existiert nur bei X, nämlich in seiner Absicht, auf das Eigentum an dem Fahrrad zu verzichten (animus derelinquendi), und in dem in der Besitzaufgabe enthaltenen Entschluss, den Besitzwillen zu beenden. Dieser geistige Inhalt ist freilich, weil er sich eben nur auf den Verlust des Eigentums bei X bezieht, für ein Eigentumsrecht des D, für einen Schadensersatzanspruch des D bzw. für den Rechtserwerb des S und für den Pfandrechtserwerb des G ohne jede Bedeutung. Bei D bestand zwar ein geistiger Inhalt, nämlich ein Eigenbesitzerwille. Dieser Wille bezog sich indes nicht auf das von ihm nach § 958 Abs. 1 BGB erworbene Eigentum. Der Eigenbesitzerwille darf nämlich nicht mit der Überzeugung, Eigentümer zu sein (opinio domini), verwechselt werden. Vielmehr ist er der Wille, die Sache selbständig und andere Personen ausschließend zu besitzen (animus domini), den auch der Dieb hat,[48] selbst wenn er weiß oder – wie es bei D der Fall ist – irrtümlich annimmt, nicht Eigentümer zu sein. Im Übrigen bedurfte es für den Erwerb des Eigentums an dem Fahrrad gemäß § 958 Abs. 1 BGB eines besonderen Eigentumserwerbswillens seitens des D nicht. Unschädlich für diesen Erwerb ist zudem seine irrige Annahme, sich eine fremde Sache anzueignen.[49] Folglich ist zwar bei B ein geistiger Inhalt bezüglich seines Besitzes an dem Fahrrad vorhanden, nicht hingegen bezüglich seines Eigentums, das von seinem Besitz streng zu unterscheiden ist und von dem er nichts weiß.

Ähnlich verhält es sich mit dem Anspruch aus § 833 S. 1 BGB. D hatte zwar hinsichtlich des Fahrrads Eigenbesitzwillen. Dieser geistige Inhalt setzt sich freilich keineswegs bis hin zu dem Schadensersatzanspruch aus § 833 S. 1 BGB fort.

Nach § 1922 BGB ist S in die Gläubigerstellung des D eingetreten. Hierdurch verdoppelt sich – falls das logisch überhaupt möglich sein sollte – das Fehlen eines geistigen Gehalts. Denn es hat S keinerlei Kenntnis von der Existenz des auf ihn übergegangenen Schadensersatzanspruchs. Und er weiß

---

48 Staudinger/Bund, BGB, §§ 854–882, Neubearb. 2000, § 872 Rn. 2.

49 Motive zu dem Entwurfe eines bürgerlichen Gesetzbuches für das Deutsche Reich, Bd. 3, 1888, S. 369.

zudem, weil er weder seine Erbenstellung noch den Erbfall kennt, von der nach dieser Bestimmung erfolgten Legalzession nichts. Nichtsdestoweniger hat ein wirksamer Rechtsübergang stattgefunden. Aus §§ 1942 Abs. 1, 1944 Abs. 2 S. 1 BGB geht nämlich hervor, dass die Erbschaft auf den Erben „übergeht", auch wenn der Erbe von dem Anfall keine Kenntnis hat.

Wechselt man nun auf der Suche nach geistigen Inhalten auf die andere Seite des rechtlichen Verhältnisses – des in Rede stehenden Schadensersatzanspruchs – hinüber, stößt man zunächst auf den Verursacher des Schadens, das Pferd. Nun soll man zwar, wie es das Sprichwort sagt, das Denken den Pferden überlassen. Und wir wollen über dieses Sprichwort im vorliegenden Zusammenhang nicht allzu sehr schmunzeln. Immerhin hat noch das Reichsgericht bei der Tierhalterhaftung von einem „Quasi-Verschulden" des Pferdes gesprochen.[50] Dies beschert uns indes keinerlei geistigen Gehalt auf der Schuldnerseite. Denn es können Pferde, obgleich sie größere Köpfe haben, nach unserer Erfahrung nicht denken. Schon das klassische römische Recht wusste, dass ein Tier kein Unrecht tun kann, „quod sensu caret" (weil es keinen Verstand hat) (D.9.1.1.3). Und auch in der Rechtsprechung ist heute anerkannt, dass ein Tier von keinem vernünftigen Wollen geleitet wird.[51] Nun könnte man deshalb versucht sein, den Ersatzanspruch des D an dieser Stelle rechtsontologisch dadurch zu retten, dass man dieses rechtliche Verhältnis als ein solches zwischen Person und Sache bestimmt und damit auf der einen Seite des Verhältnisses, nämlich bei der Sache, geistige Inhalte entbehrlich werden lässt. In der Tat ist die Vorstellung eines rechtlichen Verhältnisses zwischen Mensch und Tier der historische Ausgangspunkt für die Tierhalterhaftung im archaischen Recht gewesen. Am Anfang der Rechtsentwicklung betrachtete man den Tierschaden als Delikt, welches von dem Tier mit eigenem Verschulden begangen worden sei.[52] Und in der Tat wird die Auffassung vertreten, das Sachenrecht des BGB sei durch die Grundvorstellung der unmittelbaren Beziehung eines Rechtssubjekts zum Rechtsobjekt geprägt, welche von dem Verhältnis zu anderen Rechtssubjekten „unabhängig" sei und aus der sich „höchstens

---

50 RGZ 48, 259, 261; Wolfgang Lorenz, Die Gefährdungshaftung des Tierhalters nach § 833 Satz 1 BGB, 1992, S. 67.
51 BGH NJW 1976, 2130, 2131.
52 Vgl. Platon, Gesetze IX, 12.

folgeweise“ eine Beziehung zu einem anderen Rechtssubjekt entwickeln könne.[53] Diese Auffassung hilft uns aber aus einem dreifachen Grund nicht weiter: Sie betrifft nämlich erstens nur Sachenrechte, nicht aber schuldrechtliche Verhältnisse[54] wie den in Rede stehenden Schadensersatzanspruch des D. Sie ist zweitens unzutreffend. Gesetzlicher Inhalt des Eigentums als des wichtigsten Sachenrechts ist nämlich nicht nur die Befugnis, mit der Sache nach Belieben zu verfahren, sondern auch „andere“, also andere Rechtssubjekte von jeder Einwirkung auf sie auszuschließen (§ 903 BGB). Mithin besitzt schon das primäre Recht und nicht erst sekundäre Ansprüche wie der Herausgabeanspruch des Eigentümers einen Bezug zu anderen Rechtssubjekten, der ein Rechtsverhältnis zwischen Person und Sache ausschließt.[55] Schließlich hilft uns drittens jener Ansatz für die Frage, ob Ernst Wolfs Betrachtung der rechtlichen Verhältnisse in sich schlüssig ist, nicht weiter. Denn Ernst Wolf kennt zwar menschliche Verhältnisse zwischen Mensch und Sache – erinnert sei an das Beispiel von Herrn und Hund –, verortet aber die rechtlichen Verhältnisse nicht bei diesen einseitigen, sondern bei den zweiseitigen menschlichen Verhältnissen, bei denen also auf beiden Seiten ein Mensch unverzichtbar ist.

Geht man einen Schritt weiter, nämlich zu dem Schuldner des Ersatzanspruchs aus § 833 S. 1 BGB, dem Reitverein e.V., ändert sich das Bild nur wenig. Ein geistiger Gehalt hinsichtlich der betreffenden Pflicht, die den Verein trifft, ist nirgendwo festzumachen. Dabei ist es gleichgültig, ob man den Verein als eigenständige juristische Person begreift oder, wie Ernst Wolf es tut, als die durch ein Körperschaftsverhältnis zusammengeschlossenen Menschen in ihrer körperschaftsrechtlichen Verbundenheit.[56] Denn nach der erstgenannten Lehre kann eine juristische Person als juristisches Konstrukt nichts wissen; das ist der Grund dafür, warum im Vereinsrecht an die Stelle der Haftung für vermutetes Verschulden des Geschäftsherren gemäß § 831 BGB die haftungszuweisende Bestimmung in § 31 BGB tritt, für

53 Harry Westermann, Lehrbuch des Sachenrechts, 5. Aufl., 1966, § 1 II 3 b; Niehues JZ 1967, 453, 454.

54 Niehues JZ 1967, 453, 454.

55 Hadding JZ 1966, 926, 927; Ernst Wolf, Lehrbuch des Sachenrechts, 2. Aufl. 1979, § 1 A., S. 4.

56 Ernst Wolf, Allg. T. § 16 B. III., S. 643, 650.

deren Anwendung ein ja auch gar nicht mögliches subjektives Element auf Seiten des Vereins tatbestandlich nicht gefordert wird. Nach der Auffassung Ernst Wolfs ist das Ergebnis das gleiche. Zwar können die Menschen, die in einem Verein körperschaftsrechtlich verbunden sind, anders als der Verein als juristisches Konstrukt etwas wissen. Die Mitglieder des Reitvereins e.V. haben aber von dem Schadensfall keine Kenntnis erhalten, wissen also von der den Verein treffenden Ersatzpflicht nichts. Und hier hilft es uns auch von vorneherein nicht weiter, dass einem Verein ein Wissen seines Vorstands nach § 166 Abs. 1 BGB zugerechnet wird.[57] Denn der Reitverein e.V. hat aktuell keinen Vorstand, was indes – ungeachtet des Umstands, dass er einen Vorstand haben „muss" (§ 26 Abs. 1 S. 1 BGB) – weder an seiner Existenz (vgl. § 35 Abs. 1 S. 2 GmbHG) noch an seiner Haftung gegenüber S irgendetwas ändert.

Schließlich steht es auch hinsichtlich des gemäß §§ 804 Abs. 1, 829 Abs. 3 ZPO entstandenen Pfandrechts des G mit geistigen Inhalten schlecht. Der Schuldner des G, der S, dem gegenüber das Pfändungspfandrecht besteht, kennt die Entstehung des Pfandrechts nicht und braucht hierüber auch nichts zu wissen, weil das Unterbleiben einer Zustellung des Pfändungsbeschlusses an den Schuldner (vgl. § 829 Abs. 2 ZPO) für die Wirksamkeit der Pfändung unerheblich ist.[58] Auf der Seite des G, des Pfandgläubigers, der im Koma liegt, wirkte zwar als sein Vertreter V. Und dessen Kenntnisse können G grundsätzlich gemäß § 166 Abs. 1 BGB auch ohne weiteres zugerechnet werden. Sie werden hierdurch aber nicht in einem ontologischen Sinne geistige Inhalte des Gehirnzentrums des G als desjenigen, der an dem Pfandrechtsverhältnis beteiligt ist.

Hiernach sind die Gehirnzentren aller Beteiligten, was geistigen Inhalt bezüglich der in Rede stehenden rechtlichen Verhältnisse anlangt, leer. Da es – wie Ernst Wolf sagt – außerhalb von menschlichen Gehirnzentren keine geistigen Seienden gibt, bleiben nur zwei Möglichkeiten offen. Entweder – das wird aber niemand behaupten wollen – sind die vorstehend erörterten rechtlichen Verhältnisse nicht zur Entstehung gelangt, oder aber es sind

57 Hierzu vgl. Soergel/Hadding, BGB, Bd. 1, 13. Aufl. 2000, § 26 Rn. 11.
58 BGH NJW 2003, 1530; Brox/Walker, Zwangsvollstreckungsrecht, 10. Aufl. 2014, § 17, S. 321 Rn. 611.

diese Verhältnisse, woran nicht zu zweifeln ist, entstanden, aber keine körperlichgeistigen Seienden, sondern etwas anderes.

Am Ende seiner literarischen Tätigkeit muss auch Ernst Wolf dieses Dilemma gesehen und bemerkt haben, dass die Lehre von den rechtlichen Verhältnissen als körperlich-geistigen Seienden und zwar als Bestandteilen der an den rechtlichen Verhältnissen beteiligten Menschen so nicht aufgeht. So erklärt es sich wohl, dass er in seinem letzten Werk, in dem er seine Reale Rechtslehre beschrieben hat – in „Rechtsphilosophie – ein Irrweg!" –, seine Rechtsontologie wesentlich verändert, insbesondere den Stellenwert der geistigen Seienden deutlich reduziert hat. In diesem Werk hat er die Welt als „alle Existenzen" bestimmt. Das scheint auf den ersten Blick eine lediglich sprachlich abgewandelte Fassung der Beschreibung in seinem Lehrbuch des Allgemeinen Teils des Bürgerlichen Rechts zu sein, wonach „alle Seienden, die es gibt, ... die Welt" „sind".[59] Schaut man indes näher hin, gibt es einen wesentlichen Unterschied. Während der Begriff des Seienden und damit derjenige der Welt im „Allgemeinen Teil" die geistigen Seienden ohne weiteres einschließt, definiert Ernst Wolf nunmehr die Existenzen als feststoffliche Ganze, wobei feststofflich bedeutet: aus chemischen Grundstoffen zusammengesetzt.[60] Hiernach scheint in der Welt für nichtkörperliche, insbesondere für geistige Seiende kein Platz mehr zu sein. Ganz so weit will Ernst Wolf dann aber doch nicht gehen. Begriffssystematisch undeutlich stellt er dem feststofflichen Ganzen sachgleiche Existenzen an die Seite, die keine Sachen sind, den Sachen aber darin gleichen sollen, dass sie ihrer Art nach nicht veränderlich sind. Hierzu zählt er die Begriffe und „manche menschlichen Verhältnisse".[61] Und zu diesen Verhältnissen zählen auch die rechtlichen Verhältnisse. Ernst Wolf spricht wenig später davon, dass sie real „existieren".[62] Hierbei hat er sachgleich mit real gleichgesetzt.[63] Offenbar hat er diese sprachliche Gleichsetzung an der deutschen Bedeutung des aus dem Lateinischen stammenden Wortes „real", nämlich „sachlich, dinglich"

59 Ernst Wolf, Allg. T. § 1 A. II., S. 2.
60 Ernst Wolf/Gerhard Wolf, Rechtsphilosophie – ein Irrweg!, S. 91, 94.
61 Ernst Wolf/Gerhard Wolf, Rechtsphilosophie – ein Irrweg!, S. 93.
62 Ernst Wolf/Gerhard Wolf, Rechtsphilosophie – ein Irrweg!, S. 99.
63 Ernst Wolf/Gerhard Wolf, Rechtsphilosophie – ein Irrweg!, S. 93: „sachgleich (real)".

ausgerichtet.[64] Dabei verwendet er nun aber das Attribut „geistig“ nur noch für Begriffe und Urteile als nichtkörperliche Bestandteile des Gehirns eines Menschen.[65] Eine sogeartete Kennzeichnung der rechtlichen Verhältnisse durch Ernst Wolf, von der noch Bettina Wendlandt berichtet hat,[66] kommt in „Rechtsphilosophie – ein Irrweg!“ nicht mehr vor. Hierdurch werden die rechtlichen Verhältnisse nunmehr zwar, wie wir gesehen haben zu Recht, aus der Welt des Geistigen erstmals vollständig herausgelöst. Wenn wir deshalb sagen, dass rechtliche Verhältnisse keine geistigen Seienden, kein Inhalt des Gehirnzentrums eines oder mehrerer Menschen sind, muss freilich gefragt werden: Wo und was sind sie denn dann? Ernst Wolf[67] ist zunächst darin zuzustimmen, dass die rechtlichen Verhältnisse – entgegen einem landläufigen, auch im BGB geübten Sprachgebrauch (vgl. §§ 417, 774 Abs. 1 S. 3, 1157 BGB) – nicht in einem wörtlichen Sinne „zwischen“, also außerhalb der an ihnen beteiligten Menschen, etwa als ein irgendwie geartetes gegenständliches Band vorhanden sind. Zwischen diesen Menschen können sie nicht existieren, weil es geistige Seiende außerhalb von Menschen nicht gibt und weil den rechtlichen Verhältnissen nichts körperliches eigen ist, was außerhalb von Menschen existieren könnte. Deshalb hat Ernst Wolf ihr Dasein *in* die an ihnen beteiligten Menschen hinein verlegt. Als Verhältnisse sind rechtliche Verhältnisse nämlich Verknüpftheiten und diese sollen als unselbständige Seiende zu einem Teil in je einem der von der Verknüpftheit betroffenen Seienden existieren,[68] und zwar, wie er in der Vorlesung Rechtsontologie vom WS 1976/77 gesagt hat,[69] je als deren Bestandteile. Hiernach müssten auch rechtliche Verhältnisse als Bestandteile der an den

64 Vgl. E. Wolf, Allg. T., § 1 A. V. b. 1., S. 17; Wendlandt, Ernst Wolf und die Reale Rechtslehre, in: Zivilrechtliche Entdecker, S. 275, 280. Vgl. auch seine Ausführungen in: Meininger Schüler-Rundbriefe, Epistola 76 Oktober 1999, S. 47.

65 Ernst Wolf/Gerhard Wolf, Rechtsphilosophie – ein Irrweg!, S. 97.

66 Wendlandt, Ernst Wolf und die Reale Rechtslehre, in: Zivilrechtliche Entdecker, S. 275, 302.

67 Manuskript Rechtsontologie S. 56.

68 Ernst Wolf/Gerhard Wolf, Rechtsphilosophie – ein Irrweg!, S. 92.

69 In seinen Vorlesungsmaterialien fehlt dieser Zusatz. Dort heißt es: „Ein unselbständiges Seiendes ist entweder ein Bestandteil oder eine Verknüpftheit“ (Manuskript Rechtsontologie S. 44). Wenn indes, wie es an anderer Stelle heißt (Manuskript Rechtsontologie S. 42), jedes Seiende aus mehreren Seienden

Verhältnissen beteiligten Menschen in diesen vorhanden sein. Dies geht freilich aus zwei Gründen nicht auf. Denn wir haben erstens gesehen, dass in einem Menschen gar nichts – weder Körperliches noch Geistiges – zu existieren braucht, wenn er ein Recht erwirbt. Und es wird zweitens, wenn man näher hinsieht, deutlich, dass sich nicht bei allen Verknüpftheiten, die zwischen Seienden, auch zwischen Menschen, bestehen, Bestandteile finden lassen, die geeignet wären, ein eigenes Seiendes zu bilden.

Das sei am Beispiel räumlich-zeitlicher Verknüpftheiten[70] gezeigt. Nehmen wir beispielsweise Alexander den Großen und Julius Caesar, so lässt sich sagen, dass sich die beiden an demselben Ort, nämlich in Alexandria, meist aber an verschiedenen Orten, stets aber an all diesen Orten zu unterschiedlichen Zeiten aufgehalten haben. Es bestanden also zwischen ihnen zeitliche und räumliche Verhältnisse, oder besser gesagt: es bestanden räumlich-zeitliche Verhältnisse, weil nach unserer Erkenntnis bei einem körperlichen Seienden ein räumliches Verhältnis immer mit einem zeitlichen Verhältnis einhergeht und umgekehrt.[71] Betrachten wir nun Alexander in den Tagen seines Aufenthalts in Alexandria, also über dreihundert Jahre vor der Anwesenheit Caesars in dieser Stadt, so müssen wir feststellen, dass eine zeitliche Verknüpftheit mit Caesar von der Beschaffenheit, wie sie Ernst Wolf gelehrt hat, zu diesem Zeitpunkt nicht bestanden haben kann. Denn wenn eine Verknüpftheit je in einem Seienden als dessen Bestandteil existiert, fehlt uns im Januar 331 v. Chr., als Alexander Alexandria gründete, Julius Caesar als Seiender, in dem ein solcher Bestandteil existieren könnte. Und es lässt sich sagen, dass damals Alexanders Existenz nichts anhaftete, was mit Caesar und seinem Aufenthalt in Alexandria im Jahre 48/47 v. Chr. zu tun gehabt hat. Nach dem Tode Alexanders im Jahre 323 v. Chr. mangelt es uns dann auf beiden Seiten der zeitlich-räumlichen Verknüpftheit an einem Seienden, in dem Bestandteile einer Verknüpftheit existieren könnten. Und als dann im Jahre 100 v. Chr. Caesar das Licht der Welt erblickte, gab

---

(seinen Bestandteilen) besteht, muss das auch für Verknüpftheiten gelten, die ja nach Ernst Wolf gleichfalls Seiende sein sollen.

70 Von zeitlichen und räumlichen *Verknüpftheiten* spricht Ernst Wolf im Manuskript Rechtsontologie, S. 51. Im Lehrmaterial Vorlesung Rechtsontologie WS 1976/77, Die Seinsmomente (vorläufige Definitionen), ist von räumlichen und zeitlichen *Verhältnissen* die Rede.

71 Vgl. Ernst Wolf, Allg. T. § 1 A. II., S. 7.

es nun zwar diesen Seienden. Das ändert aber nichts daran, dass Alexander als Seiender und mit ihm seine Bestandteile zu diesem Zeitpunkt für immer vergangen waren, mithin das Eintreffen Caesars in Alexandria im Jahre 48 v. Chr. an dem vergangenen Sein, an der nicht mehr vorhandenen Existenz Alexanders nichts mehr ändern konnte.

Da nun aber in dem geschilderten Beispiel ein zeitlich-räumliches Verhältnis zwischen Alexander und Caesar – ihr Nacheinandersein in Alexandria – nicht bezweifelt werden kann, bleibt nur die Feststellung übrig, dass nicht jedes Verhältnis ein aus Bestandteilen der an ihm beteiligten Seienden bestehendes, dass also nicht jedes Verhältnis selbst ein Seiendes ist. Und diese Feststellung gilt eben auch für die rechtlichen Verhältnisse, weil sich auch bei rechtlichen Verhältnissen nichts selbst Seiendes innerhalb oder außerhalb der durch sie verknüpften Menschen finden lässt. Vielmehr existieren, soweit es um das Recht geht, nur die Menschen. Das vorgenannte Beispiel zeigt aber auch, dass Verknüpftheiten und Verhältnisse der geschilderten Art und damit auch die rechtlichen Verhältnisse keineswegs vollständig nichts sind. Weiterführend auf der Suche nach der Beschaffenheit dieser Verhältnisse ist vielmehr die folgende Bemerkung Ernst Wolfs in seinem Vorlesungsmanuskript: „In der Umgangssprache wird das Existieren einer Verknüpftheit damit ausgedrückt, dass die Seienden, zwischen denen eine Verknüpftheit besteht, etwas miteinander zu tun haben, Seiende, zwischen denen keine Verknüpftheit besteht, nichts miteinander zu tun haben."[72] In dieser Wendung werden die Seienden, zwischen denen eine Verknüpftheit besteht, in den Vordergrund gerückt. Sie alleine sind es, die existieren, und die dann in räumlicher, zeitlicher und – wenn es sich um Menschen handelt – in rechtlicher Hinsicht zueinander sind. Verknüpftheiten und Verhältnisse sind häufig nichts Eigenständiges, sondern Seinsweisen der an ihnen beteiligten Existenzen: Die Zeit oder den Raum gibt es nicht, sondern bspw. nur ein Voreinander- oder Nacheinandersein bestimmter Seiender. Obgleich nun dieses Voreinander- oder Nacheinandersein kein eigenständiges Seiendes bildet, ist es als Zueinandersein zweier Seiender ohne weiteres wissenschaftlich erkennbar und es besteht, auch wenn sich kein Mensch seiner bewusst ist, ohne jeden Zweifel; es besteht also real. So verhält es sich auch mit den rechtlichen Verhältnissen. Wenn ein Mensch

72 Manuskript Rechtsontologie, S. 56.

mit einem anderen durch Gebrauch ihrer beider Entschließungsfreiheit einen Vertrag geschlossen hat, verhält sich der Schuldner nur gemäß der von beiden gefassten Entschlüsse und damit rechtmäßig, wenn er seine Pflicht erfüllt. Umgekehrt kann der Gläubiger erwarten, dass sich der Schuldner gemäß der Entschlüsse verhält. Das ist sein Anspruch.

Wenn wir nun sagen, dass die rechtlichen Verhältnisse zwar real, aber keine eigenständigen Existenzen sind, werden wir gezwungen, über ihre Beschaffenheit und ihre Handhabbarkeit neu nachzudenken. Das möchte ich an einem Beispiel erläutern. Wenn etwa eine Forderung kein Seiendes, sondern eine Seinsweise der an ihr beteiligten Menschen ist, wie kann sie dann, wie es in § 398 BGB geregelt ist, auf einen anderen „übertragen", also vergleichbar einer Sache von einem zu einem anderen weitergereicht werden? Dürfen wir in einem rechtsphilosophischen Sinne davon sprechen, dass in Folge der Zession bei dem Zedenten etwas nicht mehr vorhanden ist, was sich nunmehr identisch beim Zessionar befindet? Ich möchte behaupten, dass das den Vorschriften in §§ 398, 413 BGB zugrundeliegende Rechtsverständnis wesentlich durch die Lehre von den Sachen des klassischen römischen Juristen Gaius geprägt ist. Gaius unterteilt die Sachen in res corporales (körperlich) und res incorporales (unkörperlich). Zu den unkörperlichen Sachen, „die man nicht anfassen kann", zählt er auch die Obligationen (Gaius 2, 12–14; Inst. 2.2. pr. – 2). Diese Einteilung hat das BGB, wenngleich es nur körperliche Gegenstände als Sachen bezeichnet (§ 90 BGB), der Sache nach übernommen, indem es körperliche und nichtkörperliche *Gegenstände* unterscheidet (vgl. §§ 535, 932 BGB einerseits, §§ 581, 2366 BGB andererseits). Und hier ist nun bemerkenswert, dass die Übertragung von Forderungen derjenigen von Eigentum immer mehr angeglichen worden ist.[73] Den Römern war die Vorstellung, bei einer Zession gehe die Forderung vom Zedenten auf den Zessionar über, fremd.

73 Zwar war dem römischen Recht anfänglich auch beim abgeleiteten Eigentumserwerb die Vorstellung unbekannt, das Recht könne so übertragen werden, dass es beim Erwerber dasselbe sei; vielmehr entstand es bei jedem Erwerber neu (Kaser, Das römische Privatrecht, Erster Abschnitt, 2. Aufl. 1971, § 54 III., S. 223, § 100 I. 1. S. 412 f.). Freilich trat der Übertragungsgedanke spätestens bei den Nachklassikern deutlich hervor (Jörs/Kunkel/Wenger, Römisches Recht, 3. Aufl. 1949, § 70 2., S. 125; Luig, Zur Geschichte der Zessionslehre, 1966, S. 2; Honsell/Mayer-Maly/Selb, Römisches Recht, 4. Aufl. 1987, § 61 II., S. 155).

Vielmehr gab man in spätklassischer Zeit dem Zessionar lediglich eine actio utilis, also eine Klage aus *eigenem* Recht.[74] Hiervon ist die Pandektenwissenschaft des 19. Jahrhunderts schrittweise abgerückt.[75] Ausgehend von der römischrechtlichen Vorstellung, die Obligation sei ein rechtliches Band (iuris vinculum, Inst. 3.13. pr.), meinte Windscheid, bei einer Zession gebe „der Gläubiger das rechtliche Band, mit dem ihm der Schuldner gebunden war, einem Anderen in die Hand"; „die Person des Gläubigers" habe „gewechselt, das Band ... ist dasselbe geblieben."[76] Diese Verselbständigung der Forderung ging mit einer Angleichung der Forderung bei ihrer Zession an die Sachen einher. Angelehnt an deutschrechtliche Vorstellungen reden dann auch Romanisten von der Obligation als übertragbarem Vermögensstück,[77] gar vom Eigentum an der Forderung.[78] Von hier aus war es dann nicht mehr weit bis zu einer Versachenrechtlichung der Forderung, von der die Motive zum 1. Entwurf des BGB sprechen.[79]

Sieht man demgegenüber, dass rechtliche Verhältnisse keine Sachen und auch nicht sachgleich sind, weil sie keine eigenständige Existenz haben, muss man die Wendung von der Übertragung der Forderung als bildhaft begreifen und nach einer anderen dogmatischen Erklärung für die Zession suchen. Dabei kehrt die Betrachtung ganz an den Anfang der Rechtsentwicklung zurück. Nach klassischem römischem Recht war eine Zession ursprünglich nur durch eine Novation möglich, herbeigeführt durch eine Aktivdelegatio (Anweisung) des alten Gläubigers an den Schuldner. Die neue Obligation kam durch einen Vertrag zwischen dem neuen Gläubiger und dem Schuldner zustande (Gaius 2, 38).[80] Hierfür ist die Vorstellung der zedierten Forderung als eines eigenständigen Seienden entbehrlich. Freilich war diese Konstruktion der Zession offenkundig von der Mitwirkung des

74 Kaser, Das römische Privatrecht, Erster Abschnitt, § 54 III 1., S. 222 f., § 153 S. 652 ff.

75 Hierzu und zum Folgenden Luig, Zur Geschichte der Zessionslehre, S. 77 ff.

76 Windscheid, Die Actio des römischen Zivilrechts vom Standpunkt des heutigen Rechts, 1856, S. 169.

77 Vgl. Luig, Zur Geschichte der Zessionslehre, S. 116.

78 Bähr, Zur Cessionslehre, Jher. Jb. 1 (1857) S. 351, 360, 361, 395, 407.

79 Motive zu dem Entwurfe eines bürgerlichen Gesetzbuches für das Deutsche Reich, Bd. 2, 1888, S. 118.

80 Kaser, Das römische Privatrecht, Erster Abschnitt, § 153 I. 1., S. 653.

Schuldners abhängig,[81] wohingegen das Recht des BGB nur auf einen Vertrag zwischen dem Zedenten und dem Zessionar abstellt und damit auf eine Mitwirkung des Schuldners zu verzichten scheint, weil es die Forderung als ein selbständiges Vermögensstück einer Sache vergleichbar betrachtet. Gleichwohl lässt sich auch der Tatbestand der Abtretung in § 398 BGB mit dem Erfordernis einer solchen Mitwirkung in Einklang bringen, wenn man, wie es gelegentlich vorgeschlagen wird, das Ausbleiben eines vertraglichen Abtretungsverbots bei der rechtsgeschäftlichen Begründung einer Forderung als gesetzlich vermutete Einwilligung des Schuldners in eine künftige Zession versteht.[82]

An dieser Stelle möchte ich meinen Versuch, die – und zwar ungeachtet ihrer fehlenden Eigenständigkeit als Existenzen bestehende – Realität rechtlicher Verhältnisse mit den Bestimmungen des BGB in Einklang zu bringen, abbrechen. Es dürfte klar sein, dass der vorstehend vorgestellte Ansatz intensiver Überprüfung bedarf. So könnte man etwa einwenden, im Ausbleiben eines vertraglichen Abtretungsverbots eine Einwilligung des Schuldners in eine spätere Abtretung sehen zu wollen, passe bei nicht vertraglich, sondern gesetzlich begründeten Forderungen nicht ohne weiteres,[83] weil solche Forderungen auch dann abtretbar sind, wenn der Schuldner einen Abtretungsausschluss verlangt, der Gläubiger sich indes einer Vereinbarung hierüber verweigert. Aber vielleicht haben wir mit einer Betrachtung, dass die rechtlichen Verhältnisse Seinsweisen von Menschen sind, die auch dann vorhanden, also real sind, wenn sich ihrer kein Mensch bewusst ist, etwas gefunden, das sie mehr sein lässt, als es Ernst Wolf in seinen letzten Lebensjahren angenommen hat, das sie also mehr als „nichts“ sein lässt.

---

81 Kaser, Das römische Privatrecht, Erster Abschnitt, § 153 I. 1., S. 653.

82 Vgl. Christian Berger, Rechtsgeschäftliche Verfügungsbeschränkungen, 1998, S. 244 ff.

83 Natürlich ist auch bei solchen Forderungen ein Abtretungsausschluss möglich (§§ 412, 399 BGB).

V. Abteilung

Gerhard Wolf

„Nichts ist nichts" – Was bleibt von der Realen Rechtslehre? Grundlegende Korrekturen durch Ernst Wolf in seinen letzten Lebensjahren

Ernst Wolf hatte bei seiner Emeritierung im Jahr 1983 sein Lebenswerk scheinbar vollendet. In Abkehr von der herrschenden (idealistischen) Rechtsauffassung hatte er die „Reale Rechtslehre" geschaffen,[1] deren zentrale Aussagen er wie folgt zusammenfasste:

> „1. Die Menschenrechte als natürliche unveräußerliche Rechte eines jeden Menschen sind die Grundlage aller anderen rechtlichen Verhältnisse.
> 2. Ein rechtliches Verhältnis existiert unabhängig davon, ob ein Mensch sich dessen bewußt ist, existiert also real.
> ...
> 5. Die Rechtswissenschaft hat wie jede Wissenschaft ihre Grundlage in einer empirischen realistischen Ontologie".[2]

Mit seinem umfangreichen, breit gefächerten und facettenreichen Schriftenverzeichnis hätte er sich im Alter von fast 70 Jahren also zufrieden zur Ruhe setzen können – er hat noch *25 Jahre* lang weitergearbeitet, Tag für Tag, unermüdlich. Das war in den letzten Jahren altersbedingt mitunter körperlich beschwerlich, aber geistig verfügte er über nicht nachlassende Schaffenskraft und Präzision, wie eh und je.

---

1 Thomas Hoeren hat dieses Gegenkonzept zu allen bisherigen Positionen später durch die Aufnahme von Ernst Wolf in seinen Band „Zivilrechtliche Entdecker" (München 2001) gewürdigt (vgl. im einzelnen Bettina Wendlandt, Ernst Wolf und die Reale Rechtslehre, aaO, S. 275 ff.).

2 Ernst Wolf, Allgemeiner Teil des Bürgerlichen Rechts, Vorwort zur 2. Auflage, Köln u.a. 1976.

A. Der zentrale Gegenstand des Spätwerks: Die Auseinandersetzung mit der Philosophie Kants

Der „rote Faden“, der die Arbeiten von Ernst Wolf in diesen 25 Jahren durchzieht, ist die Beschäftigung mit Kant – von seinem umfangreichen Kapitel „Zur Philosophie Kants“ in „Gibt es eine marxistische Wissenschaft“ (1980) bis zu seinem Vortrag „Kants wahre Lehren“ anlässlich seines 90. Geburtstags (2005). Diese unermüdlichen Arbeiten führten ihn zu einem überraschenden Ergebnis: Die auch von ihm selbst über Jahrzehnte hinweg heftig kritisierte idealistische Philosophie Kants sei in Wahrheit Kants *Kritik* der bisherigen Philosophie, sie sei „im philosophischen Schrifttum bis heute als Kants eigene Lehre mißverstanden worden“.[3] „Kant sei – im Grunde wie er (sc. Ernst Wolf) selbst – doch Realist gewesen“.[4]

Dabei konnte sich Ernst Wolf vor allem auf zwei Kant-Zitate stützen, die in der Tat eindeutig erscheinen:

> „Die Existenz der Sachen zu bezweifeln, ist mir niemals in den Sinn gekommen“.[5]

Und:

> „Dass alle menschliche Erkenntnis mit der Erfahrung anfange, daran ist gar kein Zweifel“.[6]

Horst Hammen schreibt dazu treffend: Ob der aus diesen Zitaten gezogene Schluss Ernst Wolfs, Kant sei Realist gewesen,

> „zu den Bemerkungen des alternden Königsberger Philosophen passt, ‚die Gegenstände, als Dinge an sich‘ gäben zwar ‚den Stoff zu empirischen Anschauungen‘, seien aber als ‚Gedankending(e)‘ ‚nicht ein besonderes außer meiner Vorstellung existierendes Objekt‘, ‚kein existierendes Wesen‘, ‚nur Subjekt selbst‘, wollen wir dahingestellt lassen“.[7]

---

3 Ernst Wolf, Kants wahre Lehren, Marburg 2005, S. 11 f.

4 Horst Hammen, Die Reale Rechtslehre Ernst Wolfs, in: Festschrift für Jan Schapp zum 70. Geburtstag, Tübingen 2010, S. 231 ff., 238.

5 Kant, Prolegomena zu einer jeden künftigen Metaphysik, die als Wissenschaft wird auftreten können, in: Immanuel Kants Werke, verlegt bei Bruno Cassirer, Bd. IV, Berlin 1922, S. 43.

6 Kant, Kritik der reinen Vernunft, in: Immanuel Kants Werke, verlegt bei Bruno Cassirer, Bd. III, Berlin 1923 (Neudruck der 2. Aufl. Riga 1787), S. 34.

7 Horst Hammen (Fn. 4), S. 238.

Ich stimme dem in jeder Hinsicht zu, vor allem der daraus gezogenen Folgerung: Lassen wir die pauschale Einsortierung von Kant als ‚Idealisten‘ oder ‚Realisten‘ doch ganz einfach beiseite! Denn die Auseinandersetzung mit Kant war für Ernst Wolf, wie sein Schlusskapitel in „Rechtsphilosophie – ein Irrweg!“ (2002) zeigt, ja nicht Ausdruck des Wunsches, als Kant-Interpret in die Geschichte einzugehen, sondern dessen Lehren waren ganz einfach der ihn herausfordernde „Prüfstein“ für die eigenen ontologischen Lehren.

B. Die überraschende Konsequenz: Die Absage Ernst Wolfs an einen bisherigen Eckstein seiner Realen Rechtslehre

Die Folgen dieser Auseinandersetzung mit Kant hat mir mein Vater – wohl irgendwann 2006, das genaue Datum habe ich noch nicht ermitteln können – bei einem meiner regelmäßigen Besuche im Marburg kurz vor dem Frühstück eher beiläufig in drei Sätzen mitgeteilt:

„Alles, was ich gelehrt habe, ist falsch“. „Nichts ist nichts“. „Das Verbindende ist die Sprache“.

Er hat dies – situationsbedingt, meine Rückreise nach Frankfurt (Oder) stand an – nicht im Einzelnen erläutert. Auch schriftliche Erläuterungen scheinen zu fehlen. Er wird möglicherweise einige der diesen Sätzen zugrunde liegenden Überlegungen irgendwo zu Papier gebracht und damit jedenfalls Anhaltspunkte für ihre Interpretation formuliert haben – auf den berüchtigten „kleinen Zetteln“, die er nach einem für Außenstehende völlig chaotischen System verteilt hat. Aber eine zusammenfassende eigene Ausarbeitung seines neuen Ansatzes und der sich aus ihm ergebenden Konsequenzen gibt es nicht.

Aufgrund der noch ausstehenden Auswertung seines Nachlasses (die ich aufgrund des dazu erforderlichen immensen Aufwands[8] systematisch erst

---

8 Ernst Wolf hat das geräumige Marburger Einfamilienhaus auf alle drei Stockwerke verteilt mit Ordnern, kleinen Zetteln und Ablagekästen prall gefüllt, teils in Truhen, teils in Koffern verstaut, das meiste handschriftlich, alles nach lokalen Kriterien sortiert. Er hat nichts weggeworfen, Gliederungen und Bezifferungen ständig geändert usw. usw. – Um sachliche und zeitliche Bezüge der Materialien zueinander nicht zu zerstören, habe ich diese „Ordnung“ erst einmal *aufrechterhalten* und in mein Haus nach Frankfurt (Oder) verlegt. Erst der nächste

nach meiner Pensionierung in Angriff nehmen kann) lässt sich daher einstweilen nicht anhand von Originalbelegen dokumentieren, welche Gründe im Einzelnen Ernst Wolf zu den drei zitierten Sätzen geführt haben – aber was er mit seiner knappen Mitteilung „meinte",[9] war uns beiden klar:

Es war die Absage an die Realität der rechtlichen Verhältnisse – und die war bis dahin der Eckstein seiner Realen Rechtslehre.

C. Das „Wetterleuchten" für diesen Neuansatz: „Rechtsphilosophie – ein Irrweg!"

Diese vermeintliche „Kehrtwende" hat mich damals sprachlos „aus den Pantinen gehauen" – ich hatte seit dem Wintersemester 1971/72 bei Ernst Wolf in allen seinen Vorlesungen seit dieser Zeit die „Reale Rechtslehre" gelernt und sie zutiefst überzeugt von ihrer Richtigkeit übernommen – 2006 sollte das nun alles plötzlich falsch sein? Ich hatte im Zeitpunkt seiner „Mitteilung zum Frühstück" – das ist gerade mal 8 Jahre her – meine Vorlesung „Grundkurs Strafrecht" im Hörsaal und in Skripten wie folgt begonnen: „§ 1: Strafrecht sind die strafrechtlichen Verhältnisse. Strafrechtliche Verhältnisse sind öffentlich-rechtliche Verhältnisse ..." usw., so wie es Ernst Wolf in seinem Allgemeinen Teil für das Bürgerliche Recht getan hat. *Und dann das!* – auf nüchternen Magen.

Rückblickend gibt bereits das Schlusskapitel von „Rechtsphilosophie – ein Irrweg!"[10] deutliche Signale für den Neuansatz. Der Kernsatz in diesem Kapitel, in dem er „Die Reale Rechtslehre und ihre Grundlagen" zusammenfasst, lautet:

> „Eine Existenz ist ein feststoffliches Ganzes" (in seinem eigenen Exemplar hat er mit Bleistift hinzugefügt: „(Sache)"

Diese Beschränkung auf festkörperliche Gegenstände hat er also 2006 im Grunde nur *wiederholt*, negativ formuliert:

> „Nichts ist nichts".

Schritt kann jetzt sein, dieses Material nach und nach in Maschinenschrift in eine inzwischen konzipierte systematische Ordnung zu transformieren.

9 Aufschlussreich dazu Ernst Wolf, Kants wahre Lehren (Fn. 3), S. 3.

10 Ernst Wolf/Gerhard Wolf, Rechtsphilosophie – ein Irrweg!, Marburg 2002, insbesondere S. 94 ff.: „Die Reale Rechtslehre und ihre Grundlagen".

Oder anders:

> „Alles, was nicht feststofflich ist, ist nichts“.

Ernst Wolf hat diese Beschränkung auf die „Existenzen“ schon bei unseren Arbeiten an „Rechtsphilosophie – ein Irrweg!“ nicht näher ausführen wollen – ihm war daran gelegen, das erst einmal so „auf die Walze“ zu bringen.[11] Ich habe zwar damals am Marburger Wohnzimmertisch, an dem ich seinen anhand von zahllosen Notizen diktierten Text in meinen Computer übertrug,[12] gelegentlich eingewandt: „Das versteht niemand, wenn Du das so schreibst ...!“ Das hat er ganz einfach mit Bemerkung erledigt:

> „Das ist mir egal. Das kann ohnehin nur jemand verstehen, der sich selbst in diese Fragen hineindenkt...“

Die Konsequenz aus seinem Neuansatz für die geistigen Bestandteile der bis dahin angenommenen „körperlich-geistigen Seienden“, zu denen auch die rechtlichen Verhältnisse zählen sollten, hat Horst Hammen in seinem Tagungsbeitrag anschaulich und überzeugend dargelegt – *das geht nicht auf!* Und das ist das Ergebnis des Schlusskapitels in „Rechtsphilosophie – ein Irrweg!“

D. Thesen zu diesem Neuansatz

Da Ernst Wolf die Begründungen für seinen Neuansatz und die Konsequenzen, die sich aus der Absage an die Realität der rechtlichen Verhältnisse ergeben, nicht mehr ausformuliert hat, müssen wir uns – seiner Aufforderung folgend – selbst in die Fragestellungen hineindenken. Das möchte ich im Folgenden tun.

1. These:
„Nichts ist nichts“ und vor allem „Alles, was ich gelehrt habe, ist falsch“ ist nicht etwa eine Abkehr von der Realität, sondern eine noch radikalere

11 sc. auf die Festplatte eines Computers. Es ging ihm einfach darum, das bis dahin von ihm Erarbeitete noch zu publizieren und auf diese Weise weiterzugeben.

12 Meine Mitwirkung an dem Buch war abgesehen von meinem eigenen Beitrag „Zum Verhältnis von Rechtsphilosophie, Rechtstheorie, Rechtsinformatik und Rechtsontologie“ eine rein redaktionelle Hilfe.

Durchführung eines strikt realistischen Ansatzes – auf Kosten der Realität der rechtlichen Verhältnisse.

Eindeutig ist zunächst, dass Ernst Wolf sich nicht von seinen realistischen Grundlagen entfernt, sondern sie vielmehr mit der ihm eigenen Konsequenz auf die Spitze getrieben hat:

Das Ergebnis der Beschäftigung mit Kant war für ihn eine Bestätigung seines realistischen Ansatzes – so angreifbar die wiedergegebenen Kant-Zitate angesichts der anderen Fundstellen auch sein mögen. Ernst Wolf konnte die zitierten Kant-Sätze jedenfalls in der Tat als „O-Ton Ernst Wolf" auffassen.

Daraus ergibt sich erkenntnistheoretisch die primäre Anknüpfung an die Sachen – und die Frage, was es darüber hinaus noch gibt. Die Antwort Ernst Wolfs lautet: Nur das Denken einzelner Menschen – keine „Ideen", keinen „Weltgeist", nichts, was nicht an „Feststoffliches" gebunden ist!

Nach Ernst Wolfs Definition von „real" („Real ist, was unabhängig von einer sich darauf beziehenden Bewußtheit existiert") ergibt sich daraus m.E. und wohl auch für ihn, und zwar nicht erst in seiner letzten Schaffensphase, dass das Denken nicht real ist: Es gibt Denken, aber nur als Anhaftung der einzelnen Gehirne, also gerade nicht unabhängig davon, ob es gedacht wird. Real sind die Hirnströme, aber nicht die Bedeutungen, d.h. die Denkinhalte. Anders formuliert: Sämtliche Denkinhalte sind als Gedanken einzelner Menschen an Hirnmasse und Hirnströme gebunden, existieren also (nur) im Kopf jedes einzelnen Menschen. Sie sind nicht eigenständig, aber sie sind da, und zwar als Annex des sie denkenden Menschen. In der Terminologie Ernst Wolfs: Denken ist (nur) ein Moment einer einzelnen Existenz.

Über die letzten Sätze könnte und müsste man stundenlang sprechen – was evident den Rahmen meines Beitrags sprengen würde, und in diese Darstellungsschwierigkeit werde ich noch mehrmals kommen. Nur drei kurze Bemerkungen dazu: Ernst Wolf hat sich in seinem Allgemeinen Teil in bemerkenswerter Weise um die Frage herumgedrückt, ob Begriffe real sind – und das ist keine theoretische, sondern eine für seine Reale Rechtslehre zentrale Frage. Horst Hammen hat mir von seinen langen Diskussionen mit Burkhard Wilk über die Frage berichtet, ob es denn „falsche Begriffe" geben könne (eine Frage, die auf dasselbe Problem hinausläuft). Wenn man die Definitionen Ernst Wolfs zugrunde legt, ergibt sich für die Realität des Denkens: Unbewusstes Denken ist (*eigenständig*) real, bewusstes Denken dagegen nicht.

Aber „Realität“ lässt sich m.E. nicht mit dem Gegensatz „bewusst“ oder „unbewusst“, sondern nur mit „nur gedacht“ oder „außerhalb von Köpfen der Menschen vorhanden“ beschreiben. Und dann ist das gesamte Denken nicht real (übrigens auch nicht „irreal“, sondern nur: ‚realistisch‘ und ‚unrealistisch‘, d.h. in der Realität begründet bzw. mit ihr vereinbar oder nicht).

Unabhängig davon ist letztlich völlig zwingend, dass die rechtlichen Verhältnisse jedenfalls nicht zu den „feststofflichen Existenzen“ gehören.

Mein Kollege Joerden, der an der Viadrina das Fach ‚Rechtsphilosophie‘ vertritt (und folglich nicht gerade begeistert über den Titel „Rechtsphilosophie – ein Irrweg!“ war) hat mich einmal in einer Diskussion, in der ich die ‚Reale Rechtslehre‘ verfochten habe, aufgefordert: „Zeig mir doch mal Deine rechtlichen Verhältnisse“. Was auf den ersten Blick als etwas bemühtes Gegenargument erscheint, ist ein völlig berechtigter Einwand.[13] Wenn die Verhältnisse „real“ wären, *müssten sie* – unabhängig von Feinheiten der Definition des Begriffs ‚real‘ – sinnlich wahrnehmbar sein. Denn schon wenn es um Ableitungen aus sinnlichen Wahrnehmungen geht, ist das Denkinhalt, also zwar nicht Nichts, aber nicht real.

2. These:
Die Abkehr von der Realität der (rechtlichen) Verhältnisse ist richtig.

Die Annahme der Realität rechtlicher Verhältnisse scheitert schon daran, dass es *überhaupt keine realen Verhältnisse* gibt.

Diese Behauptung bedarf einer etwas ausführlicheren Erklärung, weil sie auf Anhieb Widerspruch hervorrufen muss. Denn:

Unbestreitbar ist, dass es mit den realen („feststofflichen“) Existenzen auch reale, aber nicht feststoffliche Konstellationen zwischen ihnen gibt – räumliche, wie den Abstand zwischen Mond und Erde, und zeitliche (wie zwischen Caesar und uns), die „raumzeitlichen“ lasse ich der Einfachheit halber beiseite. Und wenn jemand den Abstand zwischen Mond und Erde mit dem zwischen Mars und Mond verwechselt oder Caesar (wie es ein Student von Ernst Wolf im Hörsaal getan hat) ins 18. Jahrhundert verlegt, ist das ganz einfach falsch. Aber, und das ist ein großes ABER: Wir müssen

---

13 Falls Herr Kollege Joerden zu diesem spontan geäußerten Argument stehen sollte, müsste er allerdings Platons Ideen, Kants Imperative, Hegels Weltgeist u.v.a.m. kurz: den ganzen philosophischen Augiasstall einem Herkules gleich ausmisten. Ich würde mitmachen – er wohl eher nicht!

diese lokalen und temporalen Relationen, die real da sind, von dem unterscheiden, was wir über sie denken, und das ist wie gesagt gerade nicht real.

Lassen Sie es mich anhand der räumlichen Verhältnisse hier in unserem Tagungsraum veranschaulichen: Hier sitzen auf einer Grundfläche von ca. 150 qm 30 Personen *neben*einander, *auf* Stühlen, *unter* dem Dach. Jede Entfernung jeder einzelnen Person zu jeder anderen, zum Dach, zum Fußboden, ist real vorhanden, aber wir können diese Vernetzung jeder einzelnen Existenz zu jeder anderen nicht vollständig erkennen und beschreiben, zum einen aufgrund der Komplexität dieser Relationen, zum anderen, weil sie sich ständig ändern: „panta rei".

Horst Hammen hat in einem Gespräch im Vorfeld dieser Tagung mir gegenüber sinngemäß die Vermutung geäußert, dass Ernst Wolf bei dieser Feststellung „rotiert" hätte. Meine Antwort lautet: Nein, keineswegs, jedenfalls nach der Jahrtausendwende hätte ich dafür seine Zustimmung bekommen. Und jeder Chemiker, Physiker und Biologe liefert uns den Nachweis für die Richtigkeit dieses „panta rei". Nicht zuletzt die von Ernst Wolf ja vehement vertretene Einheit von Natur- und Geisteswissenschaften ist m.E. ein zwingendes Argument – aber das ist der zweite Punkt, den ich hier nicht näher ausführen kann. Nur so viel:

Wir messen den Abstand zwischen uns in Metern und Zentimetern, den zwischen uns und Caesar in Jahrtausenden, zu Kant in Jahrhunderten, den zwischen uns und Helmut Schmidt oder Helmut Kohl in Jahren usw., den zwischen zwei Hundertmeterläufern schließlich in Tausendstelsekunden. Dass diese *pragmatischen* Maße letztlich völlig beliebig bzw. genormte Setzungen sind, belegen die Stichworte „yard" und „inch". Kurz: Das alles ist Kopfinhalt, nicht Realität. Real sind die Hundertmeterläufer und ihr Sprint – mehr nicht.[14]

Auf rechtliche Zusammenhänge übertragen bedeutet dies:

---

14 In meinen eigenen Texten versuche ich, dem auch terminologisch Rechnung zu tragen: Real sind die Entitäten, Konnexitäten, Relationen, Modalitäten usw. (für sie benutze ich also Fremdwörter, die die realen Gegebenheiten bezeichnen). Die Verhältnisse, Zusammenhänge, Eigenschaften, Zustände, Momente usw. sind nur Ausschnitte, Abstraktionen, die wir aus diesem „Weltenfluss" in unserem Kopf bilden (jeder für sich, wenn auch nach erlernten Standards). Für diese Denkinhalte benutze ich die geläufigen deutschen Ausdrücke.

Real in einem Strafrechtsfall sind der Täter, das Tatopfer und die Tat – aber nicht die Beurteilung der Tat als Mord.[15] Ein reales strafrechtliches Verhältnis (zum Staat?), das erkannt werden kann und den Mörder vom Totschläger, vom straflosen Notwehrberechtigten, vom Schuldunfähigen usw. unterscheidet, gibt es nicht.

In zivilrechtlichen Zusammenhängen sind real: Der Schuldner, der Gläubiger und das, was sie vereinbart haben. Beispielsweise der vereinbarte Kaufpreisanspruch ist nicht real.

Zusammengefasst: Real sind die Menschen und ihre Taten. Die (gedankliche) juristische Beurteilung dieser Taten ist (m.E. *per definitionem)* gerade nicht real.

Wir müssen die realen Gegenstände und ihre nicht realen Beurteilungen also wissenschaftlich klar trennen, auch wenn sie sprachlich häufig durcheinandergeraten (Lichtenberg stellt treffend fest: „Unsere ganze Philosophie ist Berichtigung des Sprachgebrauchs“16):

Dass Ptolemäus ein „geozentrisches Weltbild“ erdachte, war – wenn die historischen Berichte stimmen – ein realer Vorgang. *Was* er dabei dachte, also der Denkinhalt, war nicht real. Sonst wäre das „geozentrische Weltbild“ (Ptolemäus) ebenso Realität wie das „heliozentrische Weltbild“ (Kopernikus) – ein evidenter Un-sinn.

3. These:

Damit muss die Reale Rechtslehre zwar umgeschrieben werden, aber ihre Grundlagen und wesentlichen Inhalte haben Bestand! Es ist ein Eckstein gekippt, mehr nicht.

Das bisher Referierte ist ein Schulbeispiel für die Teufelei, mit der Wissenschaft verbunden sein kann: Wenn man nur *eine* grundlegende Weiche anders stellt, fährt der Zug in eine völlig andere Richtung. Das muss gar

15 Als Beleg mag ein kurzer Hinweis auf die aktuelle Diskussion über die Neufassung des § 211 StGB oder die Regelungen des Mordes in anderen Staaten genügen.

16 Georg Christoph Lichtenberg, „Bemerkungen“, in: Vermischte Schriften, hrsg. v. L. Chr. Lichtenberg und Fr. Kries, 2. Bd., Göttingen, 1801, S. 57 (zit. nach Richard von Mises, Kleines Lehrbuch des Positivismus. Einführung in die empiristische Wissenschaftsauffassung. Hrsg. und eingeleitet von Friedrich Stadler, Frankfurt am Main 1990, S. 75).

keine „kopernikanische Wende" sein: Wenn man bei der Realen Rechtslehre nur einen wichtigen Baustein, nämlich die Realität der rechtlichen Verhältnisse wegnimmt, stürzt scheinbar das ganze Gebäude ein – daher der Satz Ernst Wolfs: „Alles, was ich gelehrt habe, ist falsch!".

Auf Anhieb ist diese Konsequenz daher plausibel – und ein Beleg für die wissenschaftliche Gründlichkeit und Redlichkeit, mit der Ernst Wolf Zeit seines Lebens gearbeitet hat.[17] *Aber der Satz ist falsch:*

Die Reale Rechtslehre ist auf empirisch abgesicherten Grundlagen errichtet. Es geht daher bei den zitierten Sätzen von Ernst Wolf nicht – wie z.B. bei Rudolf v. Iherings Austausch der Begriffs- durch die Interessenjurisprudenz oder bei Gustav Radbruchs Abkehr vom Positivismus nach 1945 – um eine „Bekehrung",[18] sondern nur *innerhalb* der beibehaltenen Rechtslehre um *eine* grundlegende Korrektur in der Beurteilung der realen Gegebenheiten, zwar mit äußerst weitreichenden Konsequenzen, aber mehr nicht.

Das bedarf der Begründung. Es drängt sich die Frage auf: Was bleibt denn danach noch von der „Realen Rechtslehre"? Was hat Bestand, was nicht?

4. These:
Von der Realen Rechtslehre bleiben der (noch striktere) Bezug zur Realität und die (noch schärfere) Kritik an allen idealistischen Ansätzen und philosophischen Meta-Lehren.

Bestand hat zunächst die noch striktere Beschränkung auf die Realität. Dazu ist das Entscheidende schon gesagt: Die beiden Kant-Zitate zu den Sachen und zur Erfahrung sind und bleiben die Eckpfeiler für alles Weitere. Die Sachen und die Lebewesen sind Realität. Alle Denk*vorgänge* sind ebenfalls real, aber die Denk*inhalte* sind nicht real. Sie existieren nur als Anhaftungen der Köpfe jedes einzelnen Menschen. Sie sind empirisch nur als Selbstbeobachtungen erkennbar, im Übrigen bleibt nur, sich über diese Gedanken zu verständigen.

---

17 Von einer idealen Rechtsphilosophie zu einer Realen Rechtslehre zu gelangen und diese dann schließlich in hohem Alter noch zu einem „auch das geht so nicht auf, das Verbindende ist die Sprache" weiterzuentwickeln, verdient unabhängig von allen Sachfragen ganz einfach Hochachtung – ebenso wie seine früheren durchaus zahlreichen Hinweise in seinen Publikationen auf veränderte Lehren zu Detailfragen: „Meine frühere Auffassung .... gebe ich auf".

18 So „wikipedia" in dem Artikel über Rudolf von Jhering.

Bestand hat damit ferner der gesamte kritische Teil der Lehren Ernst Wolfs, insbesondere die Kritik an idealistischen Ansätzen. Beispielsweise die Kritik „Die verfehlte idealistische Lehre vom objektiven Recht“[19] und das Schlusskapitel des Allgemeinen Teils über die „Historische Rechtsauffassung“,[20] die Ausführungen in „Gibt es eine marxistischen Wissenschaft“[21] u.v.a.m. haben weitestgehend völlig unverändert Bestand, sie lassen sich auf der neuen Grundlage noch schärfer formulieren!

Bestand hat auch die Kritik, die Ernst Wolf letztlich an allen philosophiegeschichtlichen Lehrmeinungen übt, und zwar nicht nur an ihren einzelnen Inhalten, sondern an ihrem Grundansatz. Ich nutze an dieser Stelle die gute Gelegenheit, um die These „Rechtsphilosophie – ein Irrweg“ zu erläutern und zu untermauern, aber auch zu entschärfen:

Zunächst muss sie – noch radikaler – lauten: „Philosophie – ein Irrweg“. Das Lehrbuch von Windelband/Heimsoeth zur Geschichte der Philosophie, mit dem Ernst Wolf so intensiv gearbeitet hat, dass nur noch ein durch ein Aktenband zusammengehaltener Stapel von Einzelblättern übrig geblieben ist, beginnt unter der Überschrift „§ 1 Name und Begriff der Philosophie“ mit dem Satz:

> „Unter Philosophie versteht der heutige Sprachgebrauch die wissenschaftliche Behandlung der allgemeinen Fragen von *Welterkenntnis und Lebensansicht*“.

Es gehe um eine

> „*unbestimmte Gesamtvorstellung*“.
> „Während das erste literarische Auftreten der Wörter φιλοσοφεὶν und φιλοσοφὶα noch die einfache und zugleich unbestimmte Bedeutung des »Strebens nach Weisheit« erkennen läßt, hat das Wort »Philosophie« in der auf Sokrates folgenden Literatur und insbesondere in der platonisch-aristotelischen Schule den ... Sinn erhalten, wonach ... (durch) Philosophie *im allgemeinen* »Seiende« erkannt werden soll“.

> Philosophie ist seit Aristoteles „die Lehre »*vom Sein als solchem*« (die später sog. Metaphysik)“.

---

19 Ernst Wolf, Allgemeiner Teil des Bürgerlichen Rechts, 3. Auflage, Köln u.a. 1982, § 1 C, S. 74 ff.

20 Ernst Wolf, Allg. T. (Fn. 19), § 17, S. 658 ff.

21 Ernst Wolf, Gibt es eine marxistische Wissenschaft – Kritik der Grundlagen des dialektischen Materialismus, München 1980.

Mit diesen Fragen hat sich Ernst Wolf schon als Schüler[22] und, wie der beschriebene Zustand des „Windelband“ beweist, sein ganzes Leben lang beschäftigt – zu den „Seienden“ hat Ernst Wolf Berge von Notizen verfasst – aber rückblickend gesehen sind das schon falsch gestellte Fragen:

„Das Sein der Seienden“ ist ein Phantom, ein Gespenst, eine Illusion, der die Philosphiegeschichte teilweise bis heute nachhängt. Ernst Wolf hatte mir schon lange vor „Rechtsphilosophie – ein Irrweg!“ zur „Ontologie“ gesagt (gemeint war damit sein geplantes Buch, an dem er Jahrzehnte gearbeitet hatte): „Die Ontologie wird es nicht geben“. Diese Absage betraf nicht etwa seine nachlassende Schaffenskraft oder nur ein Publikationsprojekt, sondern war eine Absage an die bisherige Konzeption. Er hat die „Seienden“ gedanklich entsorgt, geblieben sind nur die „Existenzen“ bzw. (so der von mir bevorzugte Ausdruck) die Entitäten: Substanzen, Modalitäten, Relationen, Konnexitäten usw.). Im Übrigen gilt: „Nichts ist nichts“.

Mit der Absage an „Philosophie“ und „Ontologie“ sind zahllose Weiterungen verbunden – damit bin ich an dem dritten Punkt angelangt, den ich hier nicht weiter ausführen kann: Jede –„sophie“, jeder –„ismus“ und jede „-ologie“ führt in die Irre, soweit sie nicht auf die einzelnen realen Entitäten gestützt ist. Bestand haben nur einzelne Erkenntnisse, die sich wissenschaftlich beweisen lassen – wobei die Frage, was denn ein „wissenschaftlicher Beweis“ ist, dann gleich der vierte Punkt ist, den ich offen lassen muss.

5. These:
Ernst Wolf hat den zentralen neuen Aspekt aufgezeigt: „Das Verbindende ist die Sprache“

Die eingangs zitierten Sätze Ernst Wolfs eröffnen eine völlig neue Perspektive: Wenn alles, was nicht selbst „Sache“, sondern nur „Kopfinhalt“ (oder aber „nichts“) ist, müssen wir uns über die – notwendig eigenen – Kopfinhalte mit den anderen Menschen verständigen.

In „Kants wahre Lehren“ heißt es zu Beginn:

> „‚Verstehen‘ ist eine Gehirntätigkeit eines Menschen mit dem Inhalt, einen von ihm gehörten, von einem anderen Menschen gesprochenen Satz inhaltlich zu begreifen“[23].

22 Vgl. Bettina Wendlandt (Fn. 1), S. 281.
23 Ernst Wolf, Kants wahre Lehren (Fn. 3), S. 3.

Am Ende findet sich dann – mit ausführlichen weiteren Erläuterungen versehen – folgende Feststellung Ernst Wolfs:

> „Kant schreibt: ‚Indessen muss es doch irgendwo einen Quell von positiven Erkenntnissen geben‘. Dieser Quell liegt in Kants Lehren der deutschen Sprache“.[24]

Sieht man einmal von der dem Zusammenhang geschuldeten, m.E. letztlich verfehlten Beschränkung auf die *deutsche* Sprache ab, ist der Satz „Das Verbindende ist die Sprache“ bereits in diesem Vortrag zu scinem 90. Geburtstag enthalten.

Die Trennung von Denkinhalt und sprachlicher Bezeichnung, die Ernst Wolf schon früh vertreten hat,[25] ist dabei ein Schlüssel zum Ganzen. Seine Lösung, zwischen Gegenstand, Begriff und Bezeichnung strikt zu trennen, hat m.E. ungeachtet anderer – nur dualistischer – Ansätze Bestand. Eine Analyse führt zu drei kurzen Feststellungen:

- Die Gegenstände sind real – oder wir reden über „nichts“.
- Die Begriffe existieren nur im Kopf des einzelnen Menschen (Wo denn sonst?) und
- (das ist die *hier* entscheidende Feststellung) Die Bezeichnungen sind letztlich willkürlich, sie beruhen auf Tradition und auf Zweckmäßigkeit.

Anders formuliert: Real sind die Laute und die Druckerschwärze, aber nicht die Bedeutungen. Die Bedeutungen existieren im Kopf des Erklärenden, nicht notwendig auch im Kopf des Empfängers („habe ich nicht gelesen“, „habe ich übersehen“, „habe ich überhört“) und sie müssen ggf. nicht übereinstimmen (Dissens, Missverständnis).

Mit der sich daraus ergebenden Erforderlichkeit einer Hinwendung zur Sprachwissenschaft, die auf diesen Gebieten bereits Beachtliches geleistet hat, ergibt vor allem eine Fülle von neuem auszuwertenden Material: Dort wird zwischen Konkreta und Absoluta unterschieden, aus den Gattungs- und Artbegriffen werden plötzlich „Hypernyme“ und „Hyponyme“, definiert werden nicht mehr die Begriffe, sondern die Wörter, die Zeichen: Definitionen sind die Beschreibungen der Bedeutungen von Wörtern mit

24 Ernst Wolf, Kants wahre Lehren (Fn. 3), S. 20.

25 Vgl. zuletzt Allg. T. (Fn. 19), S. 23: „Die Bezeichnung darf nicht mit dem Begriff verwechselt oder vermengt werden“.

anderen Zeichen. Und die scheinbare „Begriffspyramide“ braucht keine definierte Spitze mehr, sondern letztlich nur eine Aufzählung, welche Bedeutungen von einem Wort erfasst werden, sei es enumerativ, sei es allgemein umschrieben. Der „Schwarzwald“ ist dann kein realer ‚Wald‘ mehr, sondern eine lediglich sprachliche Umschreibung für Deutschland höchstes und größtes zusammenhängendes Mittelgebirge, liegt im Südwesten Baden-Württembergs (Wikipedia), wobei „Mittelgebirge“, „Südwesten“ und „Baden-Württemberg“ die nächsten pragmatisch unverzichtbaren, aber ausschließlich sprachlichen Zusammenfassungen sind.

Nach den Ergebnissen meiner zwischenzeitlichen Arbeiten geht dieser (insoweit wirklich neue) Ansatz bestens auf!

6. These:
Der unverändert gebliebene Eckpfeiler der Rechtslehre Ernst Wolfs ist deren Verankerung in den Menschenrechten

Ich komme zurück auf die bereits zitierte Passage aus dem Vorwort zur 2. Auflage des Allgemeinen Teils von Ernst Wolf:

„Die Menschenrechte als natürliche unveräußerliche Reche eines jeden Menschen sind die Grundlage aller anderen rechtlichen Verhältnisse“.

Das ist ein weiterer, letzter Punkt, bei dem ich mich auf einige wenige Sätze beschränken muss, obwohl ich sie eigentlich ausführen müsste: Ich halte mich daher nicht mit dogmatischen Analysen zum Begriff ‚subjektives Recht‘ auf, der ja in dem Wort „Menschenrecht“ vorausgesetzt ist, ebenso wenig mit den Konsequenzen, die sich insoweit generell hinsichtlich der Arten der „rechtlichen Verhältnisse“ ergeben. Ich formuliere ganz einfach das Zwischenergebnis, zu dem ich auf der Grundlage der Lehren von Ernst Wolf gelangt bin: Jeder Mensch ist eine einzelne reale Existenz, die real die natürliche Anlage hat, über sich selbst zu entscheiden. *Das* ist die Grundlage für alles Weitere. Die Unterschiede zur Formulierung Ernst Wolfs im zitierten Vorwort von 1976 sind *minimal*, am empirischen Befund hat sich „kein iota“ geändert.

Entspricht ein Verhalten eines anderen Menschen den Entscheidungen des Betroffenen, ist es ‚recht‘. Andernfalls bedarf es eines Recht-fertigungsgrundes (z.B. eines seinerseits rechtmäßigen, d.h. den Menschenrechten entsprechenden staatlichen Gesetzes) – oder es ist un-recht.

E. Wie weiter?

Ernst Wolf hat uns mit der Abkehr von der Realität der rechtlichen Verhältnisse und der Öffnung seiner Lehre zu sprachtheoretischen Fragen ein neues, umfangreiches Arbeitsprogramm hinterlassen:

1. Legt man den veränderten Maßstab einer noch engeren Beschränkung auf die Realität an, ergeben sich in der Erkenntnislehre Ernst Wolfs eine Reihe offener Probleme, für die die Frage nach der Realität der Begriffe nur ein Beispiel war. Ein Vergleich der Ausführungen zum „Erkennen rechtlicher Verhältnisse“ im Allgemeinen Teil[26] mit den Analysen in „Kants wahre Lehren“[27] zeigt, dass die Arbeiten in den dazwischen liegenden 25 Jahre eine Neudarstellung erfordern – keinen Umsturz, aber Korrekturen und vor allem Ergänzungen.
   Die „Realistische Wissenschaftliche Rechtslehre“ muss dabei transdisziplinär auf den neuesten Stand gebracht werden. Dazu gehört die Einarbeitung der Auffassungen Wittgensteins, der konstruktivistischen Lehren[28] im Anschluss an Jean Piaget,[29] des neuen Ansatzes von Lambert Wiesing zur Wahrnehmungslehre[30] und schließlich aktuell des dem Konstruktivismus entgegengetretenen „Neuen Realismus“.[31] *Alle* diese Lehren – so sehr sie einander widersprechen – enthalten tragfähige Erkenntnisse, die auch für die Lehren Ernst Wolfs nutzbringend ausgewertet werden müssen.
2. Für die Verhaltenslehre gilt entsprechendes. Hier sind Erkenntnisse der Physiologie, aber auch – trotz aller Fragwürdigkeit – die Erkenntnisse der Hirnforschung transdisziplinär einzuarbeiten. Vor allem der Bereich des Unbewussten muss berücksichtigt werden.[32]

26 Ernst Wolf, Allg. T. (Fn. 19), § 1 A VI., S. 21 ff.

27 Ernst Wolf, Kants wahre Lehren (Fn. 3), S. 14 ff.

28 Vgl. dazu z.B. Hans Rudi Fischer (Hrsg.), Die Wirklichkeit des Konstruktivismus – Zur Auseinandersetzung um ein neues Paradigma, 2.Aufl. Heidelberg 1998; v. Ameln, Konstruktivismus, Tübingen 2004.

29 Instruktiv dazu Gabriele Neuhäuser, Konstruktiver Realismus – Jean Piagets naturalistische Erkenntnistheorie, Würzburg 2003.

30 Lambert Wiesing, Das Mich in der Wahrnehmung, Berlin 2009.

31 Maurizio Ferraris, Manifest des neuen Realismus, Frankfurt am Main 2014.

32 Vgl. dazu die Andeutungen von Ernst Wolf in ‚Kants wahre Lehren‘ (Fn. 3, S. 1 f.).

Aber das alles ist mit dem realistischen Ansatz Ernst Wolfs mühelos in Einklang zu bringen – die erforderliche Einarbeitung des Neuen ist letztlich eine Fleißarbeit, eine Aktualisierung bzw. Renovierung, kein Neubau. Der einzige neuralgische Punkt, der mir einfällt, ist die Infragestellung der Entschließungsfreiheit des einzelnen Menschen durch die moderne Hirnforschung. Deren – nach meinem Eindruck mit sehr viel Marketing verbundenen – Thesen sind durch den Wolf-Schüler Ekkehard Reinelt m.E. völlig überzeugend kritisch analysiert worden.[33] Der Wolf'sche „Kneiftest" („ich kann mich entscheiden, ob ich mich in den Arm zwicke oder nicht, und das Ergebnis jeweils empirisch prüfen") ist zwar sicherlich nicht der Weisheit letzter Schluss, aber ein überzeugendes Argument ist er nach wie vor allemal.

3. Damit ist eine schon angedeutete, aber hervorzuhebende grundlegende methodische Weichenstellung verbunden: Lassen Sie mich als Beispiel an den Namen Wittgenstein anknüpfen: Ich bin kein zuverlässiger Wittgenstein-Interpret, und mit dem Bemühen, es zu werden, würde ich mir dieselben Probleme einbrocken wie das Ernst Wolf bei der Kant-Interpretation getan hat. Aber das brauchen wir doch nicht: Der wissenschaftliche Prüfstein für alle ist die Realität. Wenn ein Autor bei Zugrundelegung des allgemeinen Sprachgebrauchs etwas Richtiges über die Realität gesagt hat, übernehme ich das dankend, auch wenn er es vielleicht so gar nicht gemeint hat – und ob das in sein „System" passt oder nicht, ist mir schlicht „egal": Wenn er denn Recht hat, ist das doch mehr als genug. Wenn man darüber hinaus die Absage an alle „-ologien" und „-ismen" konsequent durchführt, ist man bei der wissenschaftlich allein relevanten Fragestellung angelangt: Ist ein Urteil über eine einzelne Entität bzw. ein aus einem solchen Urteil abgeleiteter Schluss eine begründete Erkenntnis oder nicht?
   Gunnar Folke Schuppert nennt das anschaulich „Patchwork-Methode".[34] Anders geht es doch gar nicht! Dass es anschließend darum gehen muss,

---

33 Reinelt, Entscheidungsfreiheit und Recht – Determinismus contra Indeterminismus, in: NJW 2004, 2792 ff.

34 Gunnar Folke Schuppert, Staatswissenschaft, Baden-Baden 2003, S. 5: „eine Methode also, die offenlegt, woher die zum Teil nur neu oder anders arrangierten Einsichten stammen und die versucht, als Ergebnis mehr als die Summe ihrer – multidisziplinären – Teile vorzulegen".

das Sammelsurium der Erkenntnisse über Einzelgegenstände systematisch zu ordnen und zu einem Ganzen zusammenzusetzen, ist darin enthalten, kann aber methodisch erst der zweite Schritt sein.

4. Daraus ergibt sich m.E. die Erforderlichkeit einer kritischen Überprüfung der Wissenschaftslehre Ernst Wolfs. Der Wissenschaftsbegriff hat m.E. einen *rein methodischen* Inhalt. Ernst Wolf hat seine ursprüngliche Definition unter Bezugnahme auf seine Beschäftigung mit Kant mir gegenüber mündlich dahin erweitert, dass er nicht nur die bewiesenen Erkenntnisse, sondern schon das *Bemühen* um sie als „Wissenschaft“ akzeptiert hat (völlig zu Recht, was ihn aber schon eine gewisse Überwindung gekostet haben dürfte). Ich gehe darüber hinaus: Wissenschaft ist *nur* das methodische Bemühen um Erkenntnis, alles Weitere ist ‚Wissen‘ in den Köpfen einzelner Menschen, oder Irrtum bzw. schlichtes Unwissen. Wenn eine Bibliothek wie die in Alexandria abbrennt oder Sie Ihren Computer oder Smartphone verlieren, ist das dort gespeicherte Wissen ganz einfach „weg“. Und dass die heute herrschende Lehre der Irrtum von morgen ist,[35] ist unter Wissenschaftlern ohnehin eine pure Selbstverständlichkeit. Es bleibt also nur das *methodische* Bemühen, und das heißt vor allem: Analytik, Voraussetzungslosigkeit, systematische Ordnung, terminologische Klarheit, Widerspruchsfreiheit, Schlüssigkeit, Falsifizierbarkeit, Vermeidung von Redundanzen, Vorgehen ‚bottom-up‘ statt ‚top-down‘ usw.
5. Es empfiehlt sich m.E. eine Umbenennung der „Realen Rechtslehre“ in „Realistische Wissenschaftliche Rechtslehre“: Die *Lehre* war ja streng genommen ohnehin nie real. Aber mit der Preisgabe der Realität der rechtlichen Verhältnisse ist es einfach erforderlich, trotz des *aufrechterhaltenen bzw. verstärkten* Bezugs auf die Realität auch auf dem Etikett deutlich zu machen: Nicht die Lehre bzw. das Recht (d.h. die juristischen Beurteilungen) sind real, sondern die Menschen, ihre Handlungen, die Gesetze und Verträge, kurz: Alles das, worauf sich die juristischen Beurteilungen *beziehen*, ist real. Eine ausschließlich diese Gegebenheiten zugrunde legende bzw. respektierende Rechtslehre ist realistisch.[36]

---

35 Friedrich Karl Fromme, in: Welt am Sonntag vom 18. April 1999, S. 11.

36 Der Zusatz: „wissenschaftlich“ ist m.E. leider keine Selbstverständlichkeit, sondern angesichts des Standes von Rechtsprechung und Lehre eine erforderliche wohlbegründete Kampfansage an das, was heute vielfach vertreten wird.

6. Die „Realistische wissenschaftliche Rechtslehre“ muss in der rechtswissenschaftlichen Diskussion neu eingeordnet werden. Denn durch die Veränderungen ergeben sich m.E. eine Fülle von Verständigungsmöglichkeiten zur „h.M.“, die bisher durch die behauptete „Realität der rechtlichen Verhältnisse“ und der daraus folgenden rigorosen Absage Ernst Wolf an „a.A.“ verbaut waren. Die schroffen Gegensätze erweisen sich teilweise als nur noch sprachliche Missverständnisse (ich verweise nochmals auf das wiedergegebene Lichtenberg-Zitat). Der Tagungsbeitrag von Herrn Hadding zur „Juristischen Person“ ist hierfür ein eindrucksvoller Beleg!
7. Die „Realistische wissenschaftliche Rechtslehre“ muss im aktuellen Meinungsstreit „positioniert“, d.h. nach außen vertreten werden – denn sie kann klare Orientierungen geben.

Ein Beispiel:

Bernd Rüthers hat kürzlich[37] unter der Überschrift „Rechtswissenschaft ohne Recht?“ (er greift den Titel der 100 Jahre zuvor erschienenen Schrift von Leonard Nelson auf) den in der Rechtswissenschaft in den letzten Jahren entstandenen „vielstimmigen Methodendiskurs“ skizziert, der – von Rüthers stichwortartig aufgelistet – nun wirklich alle Grundfragen betrifft, die auch Ernst Wolf beschäftigt haben. Anlass für diesen Beitrag war eine gegen Rüthers gerichtete Attacke von Walter Grasnick[38], in der es heißt, entgegen den Befürchtungen Rüthers müsse man sich

> „um die Rechtsordnung und ihre Herren keine Sorgen machen. Niemand könne die Rechtsordnung in Gefahr bringen, denn ... die gibt es gar nicht. So wenig, wie die Ordnung überhaupt oder das Recht als solches“.[39]

Grasnick hält „beides für Märchengebilde, wie beispielsweise ‚Schneewittchen oder den Mann im Mond‘“.

Dazu Rüthers:

> „Der unbefangene juristische Leser stutzt: Ein Professor der Rechte verkündet als sein erkenntnistheoretisches Credo, dass es *keine Rechtsordnung*, ja überhaupt *kein „Recht als solches“* gibt. Beides seien Märchenfiguren“.

37 NJW 2011, 434 ff.

38 Grasnick, Myops Nr. 9, Mai 2010, S. 12.

39 Zusammenfassung der Grasnick’schen Position durch Rüthers (aaO, Fn. 37).

Ernst Wolf hätte sich in dieser Frage *auf die Seite Grasnicks* geschlagen.[40] Das Verzwickte bei dem Disput Rüthers vs. Grasnick ist allerdings: Beide haben teilweise recht! Denn:

- Dass es kein „Recht“ gibt, ist *sprachlich* in der Tat blanker Un-sinn, daher die spürbare Verärgerung von Rüthers. Auch Grasnick redet doch ständig darüber. Über „Nichts“? So einfach kann man es sich nicht machen.[41]
- Grasnick fügt allerdings selbst einen hilfreichen Zusatz ein: Recht *„als solches“* gibt es nicht. Damit reduziert sich sein „erkenntnistheoretisches Credo“ auf die Feststellung: Recht ist *kein realer Erkenntnisgegenstand.*[42] Und das ist auch das Ergebnis der Arbeiten von Ernst Wolf in seinen letzten Lebensjahren und das Fazit dieses Beitrags.

F. Zusammenfassung

Aus meinen Überlegungen zu den drei eingangs referierten, von Ernst Wolf hinterlassenen „Schlusssätzen“ ergeben sich drei eigene Schlusssätze:

1. Der Bezug zur Realität („Nichts ist nichts“) ist „unumstößlich“ (das war eine gerne benutzte Wendung von Ernst Wolf). Dafür können wir von Kant bis Wittgenstein („Wovon man nicht sprechen kann, darüber muss man schweigen“) eine Fülle von überzeugenden Belegen, ja: Beweisen liefern.
2. Es kann nur um individuelle Erkenntnisse einzelner Menschen über reale Gegebenheiten und Schlussfolgerungen aus ihnen gehen, die wir systematisch ordnen und über die wir reden, besser noch: schreiben müssen („Das Verbindende ist die Sprache“).

---

40 Dass es „die Rechtsordnung“ nicht gibt, lässt sich bei Ernst Wolf vielfach belegen (vgl. vor allem Allg. T. [Fn. 19], S. 74 ff.).

41 Rüthers beanstandet zu Recht die „teilweise bemüht witzigen Formulierungsversuche“ Grasnicks, die der Sache schaden und um des Gags willen die Probleme nicht präzise formulieren.

42 In der Sache hat also Grasnick Recht. Leonard Nelson wie Bernd Rüthers liegen insoweit falsch.

3. Ernst Wolf hat uns aus einem vorbildlichen Leben als Wissenschaftler[43]
   - tragfähige Grundlagen,
   - jede Menge offener Probleme, aber auch
   - Eckpunkte für ihre Lösung

hinterlassen.

Es ist unsere wissenschaftliche Verpflichtung, sich in seine Lehren weiter hineinzudenken und sie weiterzuentwickeln.

43 Vgl. dazu insgesamt www.ernst-wolf.de.

Addenda zum Schriftenverzeichnis von Ernst Wolf in der Festschrift zu seinem 70. Geburtstag, S. 709 ff.

- Schnecke im Salat – Rauchverbot – Besorgniserregende Fehler in amtsgerichtlichen Urteilen, NJW 1987, S. 821 f.
- Betr.: Europa – Ideologie oder Realität? MUT Nr. 248, April 1988, S. 5 f.
- Abermals: „Schnecke im Salat – Rauchverbot", NJW 1988, S. 1251 f.
- Vertragsfreiheit – eine Illusion? in: Festschrift für Max Keller, hrsg. v. Peter Forstmoser, Hans Giger, Anton Heini, Walter R. Schluep, Zürich 1989, S. 359 ff.
- Das Erbrecht des ungeborenen Kindes, in: Festschrift zum 90. Geburtstag von Ulrich von Lübtow, hrsg. v. Klaus Slapnicar, Berlin 1991, S. 195 ff.
- Rechtsbeugung durch DDR-Richter, NJW 1994, S. 1390 f.
- Der letzte Buß- und Bettag?, JZ 1995, S. 139.
- Die Krise des Rechtsstaats, in: Gerhard Lüke (Hrsg.), Die Krise des Rechtsstaats. Symposium aus Anlaß des (80.) Geburtstags von Ernst Wolf, veranstaltet am 29. Oktober 1994 in Marburg. Marburg 1995, S. 35 ff.
- Die rechtswidrige „Rechtschreibreform", NJW 1997, S. 3421 ff.
- Eigentumsrecht oder Katastrophenpolitik, in: Wiedergutmachungsverbot? – Die Enteignungen in der ehemaligen SBZ zwischen 1945 und 1949, hrsg. v. Bruno J. Sobotka, Mainz 1998, S. 512 ff.
- Vernichtung der deutschen Universität, Marburg 1998.
- Der „Euro" – Vernichtung Deutschlands und Europas, Marburg 1998.
- Zur Einweihung einer Gedenktafel am Gebäude des ehemaligen Realgymnasiums Meiningen am 8. Mai 1999, in: Meininger Schüler-Rundbriefe, Epistola 76, Oktober 1999, S. 47 ff.
- Rechtsphilosophie – ein Irrweg! (zusammen mit Gerhard Wolf), Marburg 2002.
- Kants wahre Lehren, Marburg 2005.

www.ingramcontent.com/pod-product-compliance
Ingram Content Group UK Ltd.
Pitfield, Milton Keynes, MK11 3LW, UK
UKHW021823290926
8980IPUK00004B/239

9 783631 661918